O QUE É ISSO, COMPANHEIRO?

FERNANDO GABEIRA

O QUE É ISSO, COMPANHEIRO?

COMPANHIA DE BOLSO

Capa
Jeff Fisher

Preparação
Carlos Alberto Inada

Revisão
Renato Potenza Rodrigues
Pedro Carvalho

Dados Internacionais de Catalogação na Publicação (CIP)
(Câmara Brasileira do Livro, SP, Brasil)

Gabeira, Fernando, 1941-
O que é isso, companheiro? / Fernando Gabeira. — São Paulo
Companhia das Letras, 2009.

ISBN 978-85-359-1379-8

1. Brasil — História — Revolução de 1964 — 2. Brasil — Política e governo — 1964 — 3. Revolucionários — Brasil — Narrativas pessoais I. Título

08-11651 CDD-320.98108

Índices para catálogo sistemático:
1. Brasil: História poliítica, 1964- 320.98108
2. Revolução, 1964 : Brasil : Política 320.98108

2009

EDITORA SCHWARCZ LTDA.
Rua Bandeira Paulista, 702, cj. 32
04532-002 — São Paulo — SP
Telefone: (11) 3707-3500
Fax: (11) 3707-3501
www.companhiadasletras.com.br

Cada um dos nossos pensamentos não é mais do que um instante de nossa vida. De que serviria a vida se não fosse para corrigir os erros, vencer nossos preconceitos e, a cada dia, alargar nosso coração e nossos pensamentos? Nós utilizamos cada dia para alcançar um pouco mais de verdade. Quando chegarmos ao fim, vocês dirão então o que é que valeu nossa pena.
ROMAIN ROLLAND, *Jean-Christophe*

Também as estórias não se despreendem apenas do narrador, sim o performam: narrar é resistir.
GUIMARÃES ROSA

SUMÁRIO

PREFÁCIO

PUBLICADO LOGO APÓS A ANISTIA, *O que é isso, companheiro?* percorreu um longo caminho, e, nos últimos meses, estava praticamente fora de circulação. Como se tornou uma das referências sobre o período de ditadura militar, ainda era procurado por estudantes e pesquisadores.

A preparação do filme de Bruno Barreto, baseado no livro, aumentou a curiosidade em torno do texto, criando mais uma razão para reeditá-lo, com ligeiras alterações.

As principais mudanças foram inspiradas pelas críticas do próprio embaixador Charles Burke Elbrick, que fez anotações no seu exemplar. Elbrick não entendeu como pude escrever que ele foi levemente golpeado na cabeça e desenhou vários pontos de interrogação nessa página do livro. Decidi adotar sua ótica e retirar a expressão para que o leitor tenha uma idéia mais precisa da intensidade do golpe.

Registro também, pela primeira vez, a autoria do manifesto divulgado durante o seqüestro do embaixador. O texto é de Franklin Martins, o que não consignei em fins de 1979 quando escrevi o livro.

Gostaria de ter dado uma visão mais clara do papel e do valor de cada um dos integrantes da luta armada. Meu livro não tinha, no entanto, esse objetivo. Se há cem maneiras de fazer uma só biografia, há, certamente, milhares de caminhos para contar a aventura coletiva da resistência à ditadura militar no Brasil.

Fernando Gabeira
Rio, abril de 1996

1. HOMEM CORRENDO DA POLÍCIA

Irrazabal chama-se a rua por onde caminhávamos em setembro. É um nome inesquecível porque jamais conseguimos pronunciá-lo corretamente em espanhol e porque foi ali, pela primeira vez, que vimos passar um caminhão cheio de cadáveres. Era uma tarde de setembro de 1973, em Santiago do Chile, perto da praça Nunoa, a apenas alguns minutos do toque de recolher.

Caminhávamos rumo à Embaixada da Argentina, deixando para trás uma parte gelada da cordilheira dos Andes e tendo à nossa esquerda o estádio Nacional, para onde convergia o grosso do tráfego militar na área.

Na esquina com a rua Holanda, somos abordados por alguém que nos pede fogo. Uma pessoa parada na esquina. Parecia incrível que se pudesse estar parado na esquina, naquele momento. Vera me olhou com espanto e compreendi de estalo o que queria dizer:

"Coitado, vai cair breve nas mãos da polícia."

Ele se curva para acender o cigarro e vemos seus dedos amarelos. A chama do fósforo ressalta as olheiras de quem dormiu pouco ou nem dormiu. Certamente era de esquerda, o cara parado na esquina. E, como nós, estava transtornado com o golpe militar, tentando reatar os inúmeros vínculos emocionais e políticos que se rompem num momento desses.

Tive vontade de aconselhá-lo: se cuida, toma um banho, não dá bandeira, se manda, sai dessa esquina. Mas compreendi, muito rapidamente, que seria absurdo parar para conversar na esquina de Irarrazabal com Holanda, naquele princípio de primavera.

Nós também estávamos numa situação difícil. A alguns minutos do toque de recolher, a meio caminho da Embaixada da Argentina, nossas chances eram estas: ou saltávamos para dentro dos jardins e ganhávamos asilo político, ou ficávamos na rua, em pleno toque de recolher. Se ficássemos na rua seríamos certamente presos e teríamos, pelo menos, algumas noites de tortura para explicar o que estávamos fazendo no Chile, durante a virada sangrenta que derrubou a Unidade Popular. Pessoalmente teria de explicar por que me chamava Diogo e era equatoriano. E não me chamava Diogo nem era equatoriano. Tratava-se de um passaporte falso, de um português que emigrara para Quito, e que me dava margem para falar espanhol com sotaque. Português naturalizado equatoriano, caminhando ao lado de uma brasileira e de uma alemã, sem tempo portanto para dar conselhos.

Pois, como ia dizendo, estávamos numa situação difícil. Na melhor das hipóteses, venceríamos a vigilância dos *carabineros* e cruzaríamos os jardins da embaixada. Começaria aí um exílio dentro do exílio, dessa vez mais longo e doloroso porque as ditaduras militares estavam fechando o cerco no continente. Na melhor das hipóteses, portanto, iríamos sofrer muito.

No entanto, era preciso correr. Correr rápido para chegar a tempo e meio disfarçado para não chamar a atenção dos carros militares. E talvez o cara da esquina nem fosse de esquerda. Foi assim, nessa corrida meio culpada, que me ocorreu a idéia: se escapo de mais essa, escrevo um livro contando como foi tudo. Tudo? Apenas o que se viu nesses dez anos, de 1968 para cá, ou melhor, a fatia que me tocou viver e recordar.

Este portanto é o livro de um homem correndo da polícia, tentando compreender como é que se meteu, de repente, no meio da Irarrazabal, se havia apenas cinco anos estava correndo da Ouvidor para a Rio Branco, num dos grupos que fariam mais uma demonstração contra a ditadura militar que tomara o poder em 1964. Onde é mesmo que estávamos quando tudo começou?

Sinceramente que saí buscando um pouco de ar fresco. A sala do copidesque do JB tinha uma luz branca e, depois de certo tempo de trabalho, cansava. Era melhor sair para o balcão, olhar a avenida Rio Branco, ver o trânsito fluir rumo ao sul da cidade. Gente voltando do trabalho, no fim da tarde. De repente, não sei como, cinqüenta pessoas se reúnem no meio da rua, tiram suas faixas e cartazes e gritam: abaixo a ditadura. Como? Os carros não podem se mexer: é uma passeata. Mil coisas estavam acontecendo nos telegramas empilhados na minha mesa: guerras, terremotos, golpes de Estado. Ali, diante dos meus olhos, cinqüenta pessoas com faixas e cartazes, iluminadas pelos faróis e meio envoltas na fumaça dos canos de descarga, avançavam contra o trânsito. Mais verba, menos tanques, abaixo a ditadura, gritavam. Lembrei-me da minha terra. O Guarani Futebol Clube batido mais uma vez, pelo mesmo adversário, irrompendo na rua Vitorino Braga com sua bandeira azul e branca, cantando "Em Juiz de Fora quem manda sou eu". Aquelas pessoas gritando na rua, a vida seguindo seu curso, o trânsito apenas engarrafado por alguns minutos, tudo isso me fazia pensar. O rosto dos jogadores do Guarani, nossas camisas meio rasgadas, a gente de cabeça erguida enquanto todos atacavam seu macarrão de domingo, macarrão com ovos marca Mira, seu vinho Moscatel.

Tudo parecia já muito remoto depois do golpe de Estado no Chile, com os cachorros latindo e o ruído dos helicópteros patrulhando a cidade. Daí a pouco chamariam para voltar ao trabalho, mas a demonstração estudantil não ia sair fácil da minha cabeça. Desde 64 que estava buscando aquela gente e aquela gente, creio, desde 64 preparava seu encontro com as pessoas olhando da sacada da avenida Rio Branco.

Em 64 eu tinha dois empregos. Um era no *Jornal do Brasil*, outro no *Panfleto*, semanário da ala esquerda do PTB que, mais tarde, depois do golpe, iria sobreviver de forma autônoma como Movimento Nacionalista Revolucionário, MNR. No JB, trabalhava como redator, no *Panfleto*, como subsecretário de oficinas. Os dois empregos tinham uma importante função para mim. Num trabalhava de acordo com minhas idéias e, no outro, trabalhava para ganhar dinheiro. Isso é ótimo para um depoimento retocado. Na verdade, havia outro interesse, um pouco mais baixo, mas importante também: o JB pagava por mês e o *Panfleto*, dirigido por amigos, dava alguns vales que permitiam que fôssemos tocando o barco cotidiano. E, afinal, não era um barco muito pesado: vivíamos em cinco num apartamento do 200 da Barata Ribeiro e o aluguel não custava muito, assim dividido por cinco pessoas. Todos eram jornalistas começando carreira. Quase todos comiam no trabalho e, uma vez ou outra, ali no Beco da Fome, que ficava bem perto de casa. Alguns participavam do Grupo dos 11, uma forma de organização que o Brizola tinha proposto para a resistência ao golpe. Outros não estavam muito interessados, por desencanto, mal de amores ou mesmo problemas que iam explodindo na vida de cada um, um pouco indiferentes à crise nacional que se aproximava.

Quando irrompeu o golpe de 64, ninguém ficou em casa. Os que participavam do Grupo dos 11 foram fazer a fila das armas do Aragão. Nessa fila muita gente se encontrou, mas as armas não apareceram. Lembro-me de ter ido para a Cinelândia até o momento em que começaram a atirar nas pessoas, de dentro do Clube Militar. Um golpe de Estado, pelo menos foi o que senti nos dois que me atingiram, é um pouco como uma grande e emocionante peça de teatro. Quando termina, você sente um grande impulso para estar junto das pessoas de quem gosta, ou mesmo telefonar para saber se estão bem.

Um pouco tocado pelas balas do Clube Militar e um pouco tocado pela vontade de estar perto dos amigos, saí da Cinelândia. Para o *Panfleto* não adiantava voltar, pois os homens já haviam cercado tudo, recolhido os arquivos e empastelado a redação. Segui para o JB e encontrei um grupo de jornalistas na Rio Branco. Era o que procurava. Fomos juntos para o Sindicato dos Gráficos, onde resistiríamos. E nós, que pensávamos em resistir, acabamos sendo envolvidos na confusão geral que se armou para retirar os papéis, para escapar da polícia. Foi assim também com muita gente no Chile. Você diz que vai resistir, você parte para resistir, mas o que você vai fazer, de verdade, é fugir.

Lembro-me de ter escrito uma carta, de dentro da Embaixada da Argentina, para um amigo do Rio, comunicando que estava vivo. E dizia: amigo, acabo de perder minha segunda revolução e estou caminhando para o recorde daquele personagem do García Márquez que perdeu doze ou treze, creio. Vi muita gente morrendo, grupos inteiros se entrincheirando nas fábricas e resistindo até o último homem. Mas o movimento geral era de fuga, de retirada. E penso que era o mais inteligente a fazer, consideradas as circunstâncias.

Quando nos reunimos de novo, no 200 da Barata Ribeiro, não era apenas o Brasil que estava derrotado. As nossas próprias caras estavam derrotadas e ficariam assim por muitos dias. São aqueles momentos em que se dá o balanço e não se sabe se devemos parar e chorar ou ajudar os que ainda não conseguiram escapar. Os que deixaram a fila de armas do Aragão tinham encontrado com a Marcha da Vitória, que vinha da Zona Sul. A greve nos jornais foi furada por todos os lados. Os colegas que eram contra o governo Goulart estavam eufóricos, alguns preparando às pressas um livro comemorativo. Outros baixavam do Palácio Guanabara, onde foram também resistir à possível invasão por parte dos fuzileiros comandados pelo almirante Cândido Aragão.

Ainda me lembro de vê-los ali, comentando as mil e uma táticas defensivas que usariam, caso o palácio fosse atacado, insinuando toda a bravura que teriam, caso o combate se travasse. Uma das edições que se preparavam trazia uma história com o coronel Montanha, que tomara o Forte Copacabana com um grito que abalou o sentinela e permitiu sua entrada triunfal. Às vezes, uma história dessas caía na tua mão, para corrigir os erros de português, mudar um ou outro verbo, fazer os títulos e legendas para as fotos. Começávamos a engolir sapos e nem sequer imaginávamos que íamos continuar a engolir sapos durante quinze anos nas mais variadas circunstâncias.

Lembro-me de que, na saída do Sindicato dos Gráficos, meio corridos, e já ouvindo vozes do adversário na Rádio Mayrink Veiga, resolvemos cruzar todas as ruelas ao lado da Rio Branco e evitar o tráfego. Numa delas, já estava tão deprimido que joguei uma pedra numa das vitrines e sentei no meio-fio.

Um amigo jornalista, mais experiente, voltou para me buscar: "Está bem que você seja idiota a ponto de achar que jogando pedras na vitrine você está resistindo. Mas não precisa ser demais, a ponto de jogar pedra e ficar aí parado".

Mais tarde, nas noites da clandestinidade, ou mesmo nas conversas de cadeia, pude ir ligando coisas, compondo um quadro mais claro do que foi o golpe de Estado de 64. Para começar ia respondendo as perguntas mais elementares. Onde é que estavam os estudantes? Por que é que não vieram as armas do Aragão? Coisas assim, ainda meio prosaicas, mas que eram, exatamente, as perguntas que me vinham à cabeça.

Os estudantes também estavam tentando resistir. Só que na Universidade de Direito, no Rio, para falar apenas da experiência que me foi mais próxima. Num depoimento prestado em 1970, Vladimir Palmeira, que em 68 era o grande líder do movimento estudantil, contou que eram mais de trezentos. A mesma disposição heróica, as mesmas frases de efeito: resistir até o último homem ou então: daqui a pouco chegam as armas do dispositivo militar do presidente.

E as armas, Antônio? As armas que você traria para nós, Antônio Duarte, da Associação dos Marinheiros? Quantas vezes não perguntei isso durante as partidas de xadrez do exílio. E quantas vezes você não me repetiu esta história, sempre com sabor daquele conto da infância. Alguém foi à festa, vinha trazendo um docinho para nós, vinha passando por uma ponte e pluft, caiu o docinho no rio. Pena.

2. FICA CONOSCO, ARAGÃO

ANTÔNIO DUARTE É UM MESTRE em defesa siciliana e pode levar uma pessoa ao xeque-mate com apenas alguns lances. Mas, naquele dia do golpe militar que derrubou Goulart, ele não conseguiu fazer chegar armas a ninguém.

Você soube do golpe, Antônio, e partiu para os Correios e Telégrafos, junto com o Capitani. O Correio era um centro de resistência e, teoricamente, controlava a comunicação no país. Falando com todo o mundo, lá estava o coronel Dagoberto, que era o diretor do Correio no período. Mas você já estava grilado, havia muito tempo. A Associação dos Marinheiros já fora golpeada, algumas semanas antes do Primeiro de Abril. Todos foram afastados dos seus cargos, nos cruzadores e contratorpedeiros. E alguns, como o Neguinho, foram mesmo enviados para o Nordeste. Além do mais, os marujos que tomaram o Sindicato dos Metalúrgicos foram anistiados por Goulart, mas não puderam voltar aos seus navios. A situação, portanto, era difícil para vocês. O próprio almirante Aragão ficara seis dias afastado de seu cargo e ainda não tinha retomado o pé no corpo de fuzileiros quando o golpe eclodiu.

Mas o que mais te grilava, Antônio, talvez nem fosse isso. Era a certeza de que as armas estavam saindo da Marinha e eram enviadas para alguns fazendeiros. Você sabe que as armas ficavam ali, naquelas três ilhas do ministério. Talvez viessem das ilhas do Rijo e do Fundão e eram, quase todas as noites, despachadas em veículos militares. Para onde, Antônio? Era muito difícil predizer para onde, dar nomes. Mas vocês tomaram fotos das remessas de armas. Eles tinham os veículos e tinham as armas, mas não tinham os sentinelas. As fotos foram enviadas às autoridades e elas não disseram nada, nem fizeram nada.

Não, o mar não estava pra peixe.

Até um processo vocês já tinham nas costas. A troca de ministros, do Sílvio Mota para o Paulo Mário, adiantara muito pouco. Vocês já estavam sendo desmantelados, lentamente. A relação de forças na Marinha talvez já tivesse até virado completamente quando o conselho do almirantado lançou aquela nota, condenando a anistia concedida por Goulart e afirmando que ele havia rompido com a hierarquia.

Foi assim, meio cético, que você partiu para o DCT, com o Capitani. Marco Antônio ficara no gabinete do Aragão. Ele também era dirigente da associação e iria morrer em Copacabana, alguns anos depois, crivado de balas. No DCT só caíam más notícias. A conversa do comandante da Vila Militar com Jango fora péssima. As tropas que iam ao encontro de Mourão Filho pareciam não estar dispostas ao combate.

Todos esperavam que Aragão fosse atacar o Palácio Guanabara. Mas na realidade era a polícia política que controlava as ruas e começava a reprimir. Vocês ainda telefonaram para o Aragão e disseram:

"Comandante, o DOPS está prendendo as pessoas aqui na rua."

"Vou mandar uma patrulha, meus filhos."

"Que patrulha, almirante! Mande armas!"

De fato saíram algumas patrulhas e foram prendendo as viaturas do DOPS. Cinco camburões, com todos os policiais dentro, foram recolhidos pelos fuzileiros navais. Mas isso era tudo a que Aragão estava disposto, sem uma ordem do presidente.

Aragão esperava uma ordem do presidente, você esperava uma ordem do Aragão e o tempo ia passando perigosamente. No sétimo andar do Ministério da Marinha, o Cenimar instalara uma rádio potente e se comunicava até melhor do que o Dagoberto no DCT. A entrada da ilha das Cobras era controlada pelos oficiais pró-golpe. Nos navios, fora decretada a prontidão. Ninguém saía, ninguém entrava.

O golpe explodiu para você três vezes. A primeira, quando

você sentiu que a Vila Militar vacilava. A vila era a esperança. A segunda, foi quando se ouviu o telefonema do presidente Goulart para Aragão:

"Almirante, desmobiliza os meninos."

O terceiro golpe foi o mais duro de todos. Vocês decidem partir para o Ministério da Marinha, onde as pessoas esperavam armas. Atrás de vocês vinha o cabo Anselmo, com alguns PMs e algumas metralhadoras. No ministério ainda estava tudo bem, a julgar pela guarda. O sargento recebeu vocês, cordialmente, e sangrava no dedo. Fora travar sua arma e cortara, um pouco superficialmente, o dedo da mão direita. Você precisamente olhava para o dedo do sargento, quando o sargento se virou. Era o almirante Aragão, que baixava em pessoa, para falar com vocês e com os outros que esperavam as armas.

Você se lembra muito bem. Ele falava pausadamente para convencer a todos:

"O presidente não quer derramamento de sangue. Aconselho a todos que voltem para suas casas, pacificamente. Não há nada mais a fazer, exceto ir embora, em calma."

O pior não era isso. O próprio almirante Cândido Aragão preparava-se para ir embora. Cabo Anselmo e seus PMs tinham desaparecido. Você e Capitani parados ali, sentindo que estavam vendo algo muito importante. E tanto estavam vendo que você puxou o braço do Capitani quando o Aragão entrou num carro preto para ir embora, e disse:

"Capitani, olha o Aragão, olha o carro preto. Capitani, olha o Aragão partindo no carro preto."

Creio que foi mais ou menos nesse momento que me sentei na calçada da ruela próxima à avenida Rio Branco. Creio que foi também nesse momento que os estudantes deixaram o CACO, um pouco desanimados com o resultado da assembléia convocada para resistir. Eles se comprometeram a voltar no dia seguinte.

Você e o Capitani decidem partir para o Sul. Se não houvesse resistência no Rio, vocês resistiriam em Porto Alegre, viajariam um pouco mas acabariam encontrando gente armada, gritando *não passarão.* Qual, Antônio. Vocês foram para o Sul pensando que estavam indo resistir mas, na verdade, visto de agora, estavam começando uma longa fuga que nos jogou aqui, eu e você, diante do café tirado na máquina, do pão doce com canela de que os suecos gostam tanto.

Me diz uma coisa. O que adiantava chegarem as armas? Estou correndo assim para me meter na Embaixada da Argentina e vi muita gente gastando o seu tempo precioso para esconder as poucas armas que tinha. De que adiantavam as armas se os principais partidos políticos não tinham tensionado suas forças para resistir? E de que adiantava os partidos fazerem isso, se a sociedade no seu conjunto não estava convencida da importância de resistir?

Imagine você que foi decretada a greve geral. Nem transporte havia, depois do golpe de Estado de 64. Algumas áreas do país estavam totalmente controladas. Uma resistência colocaria a questão de armas, víveres, experiência militar, contatos internacionais. O golpe no Brasil poderia dividir o país em dois, e o lado deles seria, imediatamente, reconhecido pelos Estados Unidos. Quem viria em nosso socorro?

Hoje estou aqui buscando refúgio, mas há apenas quatro dias estava escrevendo um artigo para a revista *Punto Final.* A revista nem havia saído quando explodiu o golpe de 11 de setembro. As pessoas não me acreditavam. O Chile não é o Brasil. Pois foi pior, em muitos aspectos. Os marinheiros em Valparaíso já estavam sendo torturados, havia alguns dias antes do 11. O dispositivo militar ruiu antes de ser acionado e as resistências armadas aqui e ali foram massacradas.

De que adiantaria um ataque ao Palácio Guanabara? Se Aragão o ordenasse, os oficiais tinham condições de sabotá-lo de mil maneiras. E os oficiais, na sua maioria esmagadora, estavam contra Goulart. Você sabe que eles podem, quando querem, levar cinco horas formando uma tropa.

No instante em que Aragão saía no seu carro preto, possivelmente Gregório Bezerra, o líder camponês pernambucano, estava sendo atado ao jipe do coronel Ibiapina e seria arrastado pelas ruas. O sapateiro Chicão estava tentando escapar, às pressas, de Governador Valadares, onde os fazendeiros fuzilavam sem vacilar.

Não que não existisse disposição em alguns setores. Isso havia. Mesmo entre os militares legalistas, houve até quem se dispôs a decolar com os aviões, partir para Minas e deter a coluna de Mourão. Goulart teve todos esses dados e preferiu o Uruguai.

E se formos recolhendo os casos aqui e ali você verá que houve mesmo uma resistência. Os marujos mais combativos não estavam nos navios, mas muitos navios foram sabotados. Um submarino ficou preso na ponte da ilha das Cobras. O comandante dizia: para trás, os caras iam pra frente, com a corda toda.

Mas a sensação que tenho é que nossa história já estava escrita. José Ibrahim, o líder da greve de Osasco, tinha apenas dezessete anos e correu para seu sindicato. O Sindicato dos Metalúrgicos de Osasco brevemente iria fechar suas portas e os dirigentes iriam desaparecer.

A derrota de 64 iria marcar nossas trajetórias. Dificilmente nos sairia da garganta. Até hoje, nos domingos de manhã, caminhando juntos para o trabalho, costumamos evitar aquele golpe. Você monta um caça da FAB eu outro, e, juntos, voamos para Minas a fim de esmagar as tropas de Mourão Filho, que avançam contra o Rio. Quantas vezes, já com a primeira neve de novembro, não assumimos o papel do general Kruel, não telefonamos para o Jango e dizemos: "Presidente, o II Exército está firme". E quantas vezes, já degelando, ali pelos fins de abril, não viramos de repente o Leonel Brizola e não marchamos à frente do III Exército para combater? Os aviões da FAB, a Rede da Legalidade. E quantas vezes não ajeitamos nossos bonés, não abotoamos nosso uniforme azul-marinho e vamos apanhar nossos trens para transportar os suecos? Você dirigindo o 14 rumo a Ropsten, eu dirigindo o 15, rumo à Sätra. A gente partindo para combate contra aquelas tropas sinistras e se cruzando só meia hora depois, na estação de Slussen, você rumo ao norte, eu rumo ao sul. Você parando no lado oposto da plataforma e, para espanto dos seus passageiros, me perguntando pelo microfone:

"Tudo bem, comandante?"

Eu respondendo, também para espanto dos meus passageiros:

"Está ruço, ruço."

Você sabe que estou atrasado dois minutos, que vou desembestar na descida que dá para a Cidade Velha, já esquecido do meu combate contra o Mourão Filho, louco para chegar rápido à Central e evitar aquele bode de atraso, ter que fechar a porta na cara dos passageiros:

"Tchau, Antônio!"

3. ENGOLINDO SAPOS

O AMIGO(A) TALVEZ fosse muito jovem em 64. Eu mesmo achei a morte do Getúlio um barato só porque nos deram um dia livre na escola. Um golpe de Estado, entretanto, mexe com a vida de milhares de pessoas. Gente sendo presa, gente fugindo, gente perdendo o emprego, gente aparecendo para ajudar, novas amizades, ressentimentos...

A desgraça às vezes pode ser relativa. Com o golpe de Estado de 64, o secretário do *Panfleto* teve de desaparecer por algum tempo e me deixou a chave de seu apartamento em Copacabana. Tínhamos apenas que pagar o aluguel. Mudei-me com um amigo para a Figueiredo Magalhães. Agüentei-me no JB e, felizmente, o salário não estava mais acabando na primeira metade do mês. O amigo era ator, tinha pouco dinheiro, mas conseguira um papel num teatro em Botafogo. Ele teve apenas um pequeno problema numa das primeiras apresentações. A peça se chamava *Antígona* e ele deveria dizer algo assim como: Antígona, você pode confiar em mim. Ao invés disso, ele disse, com a maior naturalidade: Cleópatra, você pode confiar em mim. Felizmente, os críticos não o malharam por esse erro. Ele manteve o papel e com isso pagava sua metade do aluguel.

A ofensiva da direita prosseguia em todos os campos. Lançaram o primeiro ato institucional, ainda sem número. Logo após as eleições, que deram a vitória à oposição na Guanabara e em Minas, editaram o AI-2, suprimindo os partidos políticos e decretando eleições indiretas para governador. No Rio, tinha vencido o Negrão de Lima, que tomaria posse em 65 e estaria no governo ainda em 68, já durante as grandes passeatas de meio do ano. A supressão das eleições diretas não chegou a provocar uma reação na massa. Foi apenas mais um ato, um pouco obscuro no seu texto, e que a maioria das pessoas recebeu um pouco resignadamente. Não sei se no Carnaval de 66, creio que foi por ali, ainda se via a banda de Ipanema desfilando com um imenso cartaz de Tomé de Sousa dizendo: "Para Governador Geral, Tomé de Sousa". Era uma crítica bem-humorada, uma espécie de precursora do tipo de oposição que o *Pasquim* surgiria para fazer, após o AI-5.

A Faculdade de Direito fechou durante um bom período em 64. Era o centro da oposição estudantil. Os IPMS seguiram vasculhando todos os setores da administração anterior. O governo Goulart nos era apresentado numa versão unilateral, a versão dos inquisidores.

Na minha mesa de redator do JB, caíram muitas notícias sobre o período Goulart. A algumas delas demos até um certo encanto, transformando-as em matérias atraentes. Lembro-me de um IPM numa repartição oficial, onde se apurou que o chefe beliscava a secretária, vinha diariamente vestido de terno branco, calçava sapato marrom e branco e dava rasteira no contínuo. Imaginem que diversão: rasteira num companheiro de trabalho. Lembro-me de um depoimento do chefe da Casa Militar, dizendo que o mordomo do palácio tratava mal os convidados e ajudou a isolar Jango. Lembro-me da notícia em sua forma final: chefe da Casa Militar diz que a culpa da queda de Goulart foi do mordomo.

Em Minas se diz: cão danado, todos dão nele. Era assim com o governo de Jango. Da minha parte havia uma certa inconsciência, uma certa vontade de brilhar como redator, mas havia também uma certa mágoa. Goulart caíra sem resistir; Getúlio se matou; Allende, mais tarde, se mataria também. Getúlio escreveu uma carta onde dizia que saiu da vida para entrar na História. Goulart parecia sair da História para entrar na vida: ia cuidar de seus rebanhos no Uruguai. Tudo era mágoa de quem não se conformava com o desfecho. O melhor talvez fosse tentar entender o que se passava. Goulart compreendeu que estava perdido e resolveu ir para o Uruguai, certo de que o golpe era temporário, que, mais tarde, seria chamado para ocupar seu papel na vida política do país. Quem era eu para entender as coisas profundamente? Estava desarmado teoricamente, ressentido, e não havia outro caminho na nossa frente, exceto prosperar e esquecer o baque que o país estava sofrendo.

Só muito mais tarde me anunciaram que teria um novo redator no departamento de pesquisas do JB, que dirigia fazia algum tempo. Era Raul Ryff, que voltava do exílio, onde vivera modestamente num quartinho em Paris. O próprio SNI sabe disso, porque às vezes seu quarto era invadido por estranhos que simulavam um assalto e levavam todas as suas pequenas economias, inclusive um rádio de pilha onde tentava ouvir o Brasil.

Raul Ryff era o secretário de imprensa de Goulart. Bastava vê-lo ali, com seus cabelos brancos, ganhando a vida como um simples redator do JB, para começar a duvidar de toda aquela imagem que os IPMS construíram sobre o governo caído. E bastava conversar um pouco com ele, nos cafés vespertinos, para ir aprendendo que havia grandes talentos naquele governo, havia excelentes intenções, no sentido de melhorar a condição de vida das pessoas, de aplicar uma política externa aberta para as transformações que o mundo vivia naquele instante. Os relatos de Ryff me ajudaram a lançar um olhar um pouco mais complacente em direção ao PTB. Ajudaram também a recompor uma simpatia perdida, uma simpatia que se formara na infância. A rua onde nasci e me criei era de operários da indústria têxtil de Juiz de Fora. Eles gostavam do PTB. Alguns davam o nome de Getúlio aos seus filhos. Seu Perini foi um deles, sempre indignado com o brigadeiro Eduardo Gomes, que dissera "não precisar dos votos dos marmiteiros".

"Eles não gostam do povo", dizia seu Perini, "e não vão ganhar nunca as eleições. É uma gente ruim de voto."

Mais tarde ganharam seu Perini, com o Jânio Quadros. Meu olhar se voltava agora para o PTB, sem nenhuma grande mágoa. Na infância, a polarização era muito grande entre PTB e UDN, esta aristocrática, com pavor da ascensão dos trabalhadores para um nível de vida melhor, pavor de uma cultura mais popular.

Recompor a imagem do PTB era de alguma maneira não se identificar com a UDN, estabelecer uma ponte entre o passado e o presente. Só uma caminhada para a esquerda, entretanto, poderia resolver o impasse mais profundamente.

Quando olho em torno e procuro as organizações de esquerda, começo a aprender um pouco mais sobre o país, pelo menos a receber análises que me pareciam novas. Antes do golpe, havia quatro organizações à esquerda do PTB, sendo que a mais importante delas era o PCB. No interior do PCB, explodiu uma crise com o golpe de Estado. Creio que deve ter sido uma crise semelhante à vivida pelo núcleo anarquista em 22. Desde 1917 que começara um intenso movimento de massas que chega ao seu auge em 20 e é derrotado. Os anarquistas dirigiam esse movimento e descobrem, ao cabo da derrota, que já não eram mais capazes de conduzi-lo. A realidade do país tornara-se muito complexa e era impossível manejá-la com aquelas idéias.

A crise se instalara no interior mesmo do núcleo anarquista. O país tinha uma estrutura industrial muito débil e técnicas artesanais ainda predominavam. Mesmo assim, já se pedia uma organização um pouco mais sofisticada para orientar o conjunto das lutas dos trabalhadores a cavar a maneira de acharem seus aliados na sociedade. Além do mais, havia ainda o velho problema de copiar fórmulas estrangeiras, sem ao menos pensar em adaptá-las à realidade nacional. Os anarquistas que vieram para cá transportaram preocupações e lutas que eram muito típicas da Europa, na época. Aqui, elas não tinham tanto campo para prosperar. Dois exemplos dessas lutas: o anticlericalismo e o antimilitarismo.

O PCB, portanto, que surgiu daquele núcleo anarquista em 1922, estava vivendo, em 1964, uma crise semelhante, em muitos aspectos, à crise que lhe deu origem. O país já evoluíra a ponto de romper com os esquemas analíticos que eles propunham. A importação acrítica de idéias estrangeiras também estava presente, sobretudo quando se achavam restos feudais numa sociedade como a brasileira, onde nunca houve feudalismo.

Posso contar como vi aquela luta interna. Posso tentar simplificar para que todos entendam o que era exatamente. Mil vozes mais autorizadas que a minha vão surgir. Sou apenas um guia que vai apontar para que lado foi a caravana. Os atalhos que tomou vão aparecer nos outros casos que forem contados em público.

Sempre que falo em luta interna, lembro-me do meio da década de 60. Foi quando o termo ganhou força para mim. E lembro-me também do cheiro de álcool das tribunas de debate, artigos mimeografados, quase ilegíveis e com títulos impensáveis: "As ilusões do camarada Ajuricaba", "Abrir baterias por uma organização proletária"...

As coisas tinham um sabor de fim do século XIX, mas as questões que a luta interna foi colocando diante dos meus olhos eram muito mais sofisticadas que as minhas. O Brasil é ou não é um país capitalista? É possível chegar ao poder pacificamente? Minhas perguntas eram na verdade questões técnicas, insignificantes: o que adiantaria resistir com as armas do Aragão? O que importa onde estavam os estudantes se nem eles nem ninguém sabia como se comportar num momento desses, como foi o momento do golpe de 64?

Do Partido Comunista conhecia muito pouco, no princípio dos anos 60. Quando menino todos os operários do meu bairro eram getulistas. Apenas seu Mílton Barbeiro era comunista e o único líder famoso que o partido deu em Juiz de Fora foi Lindolfo Hill. A simpatia que havia por eles era a simpatia que havia por todos aqueles de quem a polícia não gostava.

Em 58, quando dirigimos a greve contra "os tubarões do ensino" (imaginem que falávamos assim na época), ou mesmo as manifestações contra o aumento dos cinemas ou transporte coletivo, não tínhamos contato direto com o PC. Pelo menos em Juiz de Fora. Lembro-me de uma assembléia que realizamos no auditório da rádio PRB-3. Eu estava na mesa e fiz um discurso pedindo greve geral contra o aumento das anuidades. Houve uma certa vacilação que a gente sente no ar, mesmo enquanto não acabou de falar. Do fundo da platéia, entretanto, levantou-se um homem de cabelos brancos e fez um discurso sensacional. Disse que era pai, sentia na carne o drama das anuidades e que, em nome dos pais, apelava para que todos seguissem a palavra de ordem de greve. A platéia aplaudiu de uma forma tão entusiasmada que a greve acabou sendo aprovada por quase unanimidade. Aquele velho, para mim, foi uma surpresa grande. Tinha dezessete anos e muito pouca prática de assembléia. Foi quase como receber a visita de Papai Noel. Saiu a greve e fomos vitoriosos.

Anos depois, voltei a Juiz de Fora e encontrei o velho bebendo num botequim, também freqüentado pelos intelectuais da terra. Ele me vê, me convida para sentar na sua mesa e pergunta:

"Como é, já entrou para o Partido Comunista?"

"Eu não, e seus garotos?"

"Que garotos?"

"Seus filhos."

"Que filhos? Não tenho filhos."

"Como, se você é o pai que virou a assembléia, o pai da nossa greve?"

"Olha, o negócio é o seguinte: não sou pai de ninguém. Os pais que iam à assembléia ficaram doentes e o partido acabou determinando que eu fosse fazer o papel de pai. Tinha cabelo branco, sabia falar. Agora já acabei com isso. Acho muito chato."

"O que é que você está tomando?", perguntei ainda meio surpreso com aquela história.

"Caipirinha. Tá boa. Pede uma também."

Foi nossa única referência ao Partido Comunista. O resto da noite passamos a falar mal da pequena cidade onde vivíamos, de seu provincianismo, sua hipocrisia. Creio que o mesmo diálogo estava se dando em milhares de pequenas cidades do mundo àquela hora. Mas o partido ficou assim, aquela coisa meio misteriosa e atraente de que a polícia não gosta, mas também um lugar onde podiam aparecer figuras como a daquele velho. Com idéias tão vagas, acompanhei a luta interna...

4. DESAMANDO UNS AOS OUTROS

Luta interna, quando feita longe do movimento social, acaba sempre dando em cisão. E as cisões, vistas de fora, parecem muito com as brigas de casal: aquele constrangimento em discutir a divisão dos bens, aquele não conseguir sentar-se na mesma mesa durante os primeiros meses de separação, aquela expectativa de que os amigos se definam por um ou pelo outro.

As grandes derrotas que vimos no continente ensinaram muita coisa. Uma delas é que o vencido não tem apenas de se pôr em retirada o mais rápido possível. Na primeira esquina, ele precisa parar para fazer sua luta interna, rediscutir seus métodos, definir de quem foi a culpa. Esse processo chega às vezes a um resultado curioso. A ala moderada do movimento de esquerda acusa a ala mais radical de ser a responsável pela derrota e o setor mais radical acusa a ala moderada. E esse pingue-pongue toma às vezes muito tempo, até que se perceba sua inutilidade.

Seria assim como imaginar o Lênin fracassando na Revolução Soviética, tomando o caminho do exílio, sentando-se no bar La Coupole em Paris e acusando, diariamente, os socialdemocratas como os culpados da derrota dele. Ora, os comunistas quando traçam seus planos gerais têm que levar em conta os socialdemocratas com sua política. E vice-versa.

Existem até teorias prontas para explicar todas as derrotas da esquerda e, evidentemente, deixar de explicar a derrota específica que a gente está querendo examinar. Uma delas reza que as vanguardas têm, sistematicamente, falhado na condução das revoluções. As revoluções estão maduras, as massas estão prontas, mas são permanentemente traídas por suas vanguardas.

Era como se as vanguardas tivessem uma tendência intrínseca à traição ou fossem, cronicamente, incapazes de realizar sua tarefa. Uma doença que atacava nos momentos decisivos. Se a vanguarda falha duas vezes no mesmo país é a mesma doença, só que houve uma recaída.

Pois é. Às vezes o vencido se põe em retirada, rediscute os seus métodos e acaba achando um conforto para sua própria incapacidade de explicar as coisas.

Enquanto a luta interna se desenrolava, aqui fora, na vida real, tocava-se o barco lentamente. Os que foram para o Sul, resistir com Brizola, ou voltaram desapontados, ou cruzaram para o Uruguai, de onde alguns sairiam para Caparaó. No nível da imprensa, o centro da oposição estava localizado no *Correio da Manhã*, de onde surgiram excelentes artigos condenando o governo. Antônio Callado, Oto Maria Carpeaux, Carlos Heitor Cony, Márcio Moreira Alves e Hermano Alves eram alguns dos autores da crítica à ditadura. Os jornais chegavam às bancas e praticamente se esgotavam. Se a venda avulsa desse lucro, o *Correio da Manhã* daquela época teria prosperado rapidamente. A política de Castelo, que acabou culminando com a edição do AI-2, após a vitória da oposição em Minas e no Rio, era dissecada impiedosamente. Havia um outro jornal no Rio que se dedicava exclusivamente à oposição. Chamava-se *Folha da Semana*, era publicado em cores, azul e preto. Alguns dos articulistas eram os mesmos, como por exemplo Carpeaux e Artur José Poerner. O *Correio da Manhã* foi asfixiado pelo corte da propaganda. Só com a venda avulsa não dava para agüentar. O *Folha da Semana* foi simplesmente fechado pelo Cenimar e seus diretores processados. O estopim foi um artigo acusando o ministro Suplicy de Lacerda de tentar corromper a liderança estudantil. Na verdade, os órgãos de segurança diziam ser o *Folha da Semana* um órgão simpático ao Partido Comunista Brasileiro e iriam fazer todo esforço para demonstrar essa conexão.

Quando você é repórter e quer participar da oposição, não pode usar juízos de valor nem adjetivos como os grandes articulistas que têm um espaço à sua disposição. O que você pode fazer é organizar os fatos de forma tal que incomode o adversário. Foi assim comigo, que morria de inveja do que se fazia no *Correio da Manhã*. Tinha sido transferido para a reportagem e passava as manhãs lendo aqueles artigos, pensando em um ou outro argumento que poderia ser acrescentado, uma ou outra ironia que poderia ridicularizar mais ainda as posições da extrema direita.

Num desses dias mortos, em que quase não acontece nada, tocou-me fazer uma reportagem com o general Mourão Filho, que tivera um enfarte do miocárdio. O general morava em Copacabana, já transferido para o Rio, e creio que já havia lançado sua célebre frase: sou uma vaca fardada. Rumei para a zona Sul e fui recebido pela mulher do general, que me deu todos os dados. O general tinha se esforçado muito naquele fim de semana, tinha andado muito pela praia e o coração falhou de repente. Voltei para a redação com os olhos acesos. E escrevi:

"O comandante da marcha revolucionária de Minas contra o Rio, general Olímpio Mourão Filho, teve um enfarte do miocárdio, ontem à tarde, porque caminhou do Posto Dois ao Posto Seis, em Copacabana, onde mora atualmente."

Era uma vontade inocente de participar da oposição mesmo dentro dos limites de uma notícia curta. Estava tudo apertando muito. Sobretudo na produção, nas fábricas. A política da dupla Campos-Bulhões apontava no sentido de conter a inflação e um dos seus elementos fundamentais era a compressão salarial. Muito possível que tanto Campos como Bulhões soubessem, na época, que os salários são um componente secundário na inflação brasileira. Mas insistiam nesse caminho, porque era uma das maneiras, a mais atraente, de trazer grandes massas de capital estrangeiro para o Brasil.

A política de arrocho salarial, como ficou conhecida mais tarde, surgiu como uma das conseqüências da vitória que obtiveram em 64. Tinham conseguido convencer amplos setores das camadas médias de que os níveis de inflação do período Goulart eram altos assim porque ele concedia aumentos salariais elevados para os trabalhadores. Em alguns casos, jogavam com o pavor da dissolução das diferenças entre o trabalho intelectual e o trabalho manual. Diziam: os estivadores estão querendo ganhar tanto quanto um médico. É um absurdo, uma república sindicalista.

As idéias de Campos-Bulhões não eram inéditas, uma vez que, em muitos pontos, eram a execução de uma série de medidas recomendadas pelo Fundo Monetário Internacional para o Brasil. No tempo de Juscelino, foram ensaiadas por Lucas Lopes e falharam por falta de condições políticas para sua implantação. Com a ditadura militar, as resistências foram neutralizadas, e finalmente a política vinha à luz para ficar. Muitos cientistas sociais, alguns norte-americanos, como Albert Fishlow, mostraram que a alta taxa de inflação não dependia exatamente dos salários. Mas os tempos mostraram, melhor do que os cientistas sociais, a falsidade daquela argumentação: mesmo com a contenção salarial, a inflação continuou a existir e em alguns momentos ela se igualaria à do período Goulart.

Força é força. Os homens eram muito fortes. Discutíamos na luta interna se o Brasil era ou não um país capitalista.

O documento mais importante sobre essa discussão, no plano teórico, é o livro de Caio Prado Júnior, intitulado *A revolução brasileira*. Nesse livro, lançado em 1966, Caio Prado ataca a tese de uma revolução agrária e antiimperialista, defendida no programa de 54 do Partido Comunista Brasileiro. Para o PCB, de acordo com essa tese, o golpe de Estado de 64 tinha sido um produto da união dos latifundiários com o imperialismo norte-americano. Tudo para barrar os passos de uma burguesia nacional revolucionária que realizava, aos poucos, a revolução democrático-burguesa. E fugira para o Uruguai.

Caio Prado dizia em seu livro que essa idéia de restos feudais, presente nos programas do PCB, era apenas uma cópia mecânica de modelos europeus, pois no Brasil nunca havia existido feudalismo. Através da sua argumentação, a gente ia compreendendo que, na realidade, era impossível apontar traços feudais no país, que o problema central na agricultura era o dos assalariados agrícolas, e que havia sim alguns vestígios da escravatura. A luta pela terra não assumia características antifeudais nem em Goiás e no Paraná, onde havia posseiros, nem em Pernambuco, com os arrendatários. Também não era antifeudal a luta dos pequenos proprietários expulsos pela pecuária.

A verdade é que o PCB ia, gradativamente, superando aquelas idéias. Mas era, é, sempre foi duro na queda para reconhecer seus erros. Aliás uma herança que está presente em todos nós. Desde que me entendo, quase todos os documentos de esquerda começam assim: mais uma vez a realidade confirmou nossas previsões; ou mesmo: o socialismo avança em todo o mundo e o capitalismo vive sua crise sem saída. Estamos nessa há muitos anos. Esse esquema ia ser muito importante nos exames que faríamos de nossas derrotas posteriores.

Mas o próprio partido não podia elaborar a realidade brasileira como se aquele não fosse um país capitalista. Caio Prado Júnior mostra que na resolução política de 1960 já se afirma a necessidade de dar atenção principal aos assalariados agrícolas, a fim de impulsionar a organização das massas camponesas.

Qual a vantagem de saber se o Brasil era ou não capitalista? Em primeiro lugar, era preciso conhecer o país que se estava pensando em revolucionar. Em segundo lugar, isso nos ajudava a compor um quadro aparentemente mais profundo para explicar a derrota de 64. Confiara-se numa burguesia nacional revolucionária e ela era muito frágil. O país já era um país capitalista e a ausência de uma tática e uma estratégia socialistas só poderia contribuir para a derrota.

Por outro lado, pensávamos de uma maneira bastante mecânica. Se o Brasil era capitalista, a revolução a ser feita era uma revolução socialista. Se o Brasil era capitalista, estava maduro para o socialismo. Deixávamos muito de lado o exame das condições chamadas subjetivas: o nível de organização e consciência dos trabalhadores, por exemplo.

Uma outra discussão que nos fascinava: o caminho da tomada do poder é ou não é pacífico? Isso era mais do que uma discussão: era uma obsessão. Lembro-me do debate sobre o filme *Terra em transe*, de Glauber Rocha. Foi no Museu de Arte

Moderna e tive a ousadia de me opor às teses do filme. Creio que, num certo sentido, monologava naquele debate. De um lado, estava o grupo dos excelentes diretores do cinema novo defendendo o filme, parte por sua importância estética e parte porque são muito solidários entre si. De outro, estava a platéia da zona Sul do Rio de Janeiro, maravilhada com as proposições do filme, com sua qualidade e também com o desdobramento da carreira de Glauber, que era, no momento, um dos cineastas mais importantes do país.

Senti-me muito pequeno diante de tanta gente importante, na mesa e na platéia. Mas havia duas coisas no filme que era preciso combater, achava eu. O filme tinha uma concepção muito depreciativa do povo brasileiro e acabava com uma solução elitista, de quem não acredita mesmo na ação organizada das massas: o ator principal, Jardel Filho, saía com sua metralhadora dando tiros a esmo, simbolizando dessa forma uma revolta quase que pessoal e desesperada. Para mim essas duas coisas se harmonizavam. Dentro mesmo do filme havia uma personagem, Sara, que propunha algo diferente: o trabalho paciente e cotidiano de organização para solucionar os problemas daquele país hipotético que todos nós sabíamos ser o Brasil.

Centrei minha intervenção na tese de que o filme discutia duas saídas através dos dois personagens e que escolhia a pior delas. Só existia um caminho possível: a lenta e organizada ação de massas que, no filme, nos eram apresentadas como bandos de débeis mentais.

Fiquei bastante isolado, reconheço. Assim mesmo, procurei agüentar o tranco, tanta gente de talento atacando minha intervenção e atacando de vários lados. Ironia. Às vezes você discute mas é para se convencer. Das duas saídas que o filme propunha, acabei escolhendo pessoalmente, para minha vida, aquela saída que mais condenava no debate. E, felizmente, os que estavam na posição contrária à minha não saíram por aí com suas metralhadoras, dando tiros a esmo como Jardel Filho, em *Terra em transe*.

A discussão sobre a luta armada, entretanto, ganhava novas

dimensões. Chegavam ao país os primeiros exemplares do livro *Revolução na revolução*, de Régis Debray. Chegaram, acho, via Chile, onde acabara de aparecer o ensaio, com muito sucesso. O livro ia fazer furor entre os estudantes.

Foi ainda logo após o debate que vivi um dos domingos mais tristes. Fui ao consulado do Chile, no Flamengo, me despedir dos amigos de Minas que partiam para o exílio: José Maria, Edmur, Teotônio, Guy de Almeida. Estavam muito tranqüilos, passeavam silenciosamente com seus chinelos. Mas ainda sinto muito o impacto dessas prisões quando saio à rua. A primeira lufada de ar fresco traz a lembrança de que apesar de tudo você está em liberdade, vai visitar exatamente os lugares que quiser. Senti que não temiam a viagem que iriam fazer para o Chile de Frey. As pessoas estão seguras de si, estão tranqüilas, mas quando partem para o exílio estão tristes também. Bastava surpreender qualquer um deles distraído para captar um olhar vazio, uma cabeça que se abaixa. Saí pelo Flamengo e creio que se estivesse num romance chutaria uma pedra e atravessaria a rua de mão no bolso. Mas aquilo era o Brasil, eu não era um personagem e havia muito o que fazer para estar à altura dos amigos que partiam.

5. CAPARAÓ, A GUERRILHA SOBE O MORRO

ANTIGAMENTE, as famílias ricas mandavam suas filhas para a Europa quando queriam que esquecessem um grande amor. Minhas esperanças ao partir para a Europa, no fim de 66, eram também as de esquecer o pântano em que tínhamos nos metido e a asfixia geral que a ditadura militar tinha imposto ao país.

Já em Lisboa, primeira parada, houve o primeiro choque. Juraci Magalhães, então ministro das Relações Exteriores, visitava Portugal. Meu destino era Londres, mas o hábito entre os jornalistas é o de cobrir o que acontece ao seu redor, independentemente de um planejamento prévio. Propus ao JB a cobertura da passagem de Juraci e descobri logo que ele vinha discutir a criação de um porto livre em Luanda, capital de Angola. Mais uma vez, por baixo daquela retórica da secular amizade luso-brasileira, fazia-se uma troca extremamente negativa: o Brasil buscava certas vantagens econômicas nas colônias e se abstinha de votar contra Portugal nas Nações Unidas. Isso era o pano de fundo da visita? Numa entrevista coletiva, pedi a palavra e fiz a pergunta com toda a clareza e, naturalmente, com meu sotaque de brasileiro. Juraci quase caiu da mesa. Ele trazia consigo alguns jornalistas de confiança e não entendeu como poderia ter surgido uma pergunta daquela, de um brasileiro. Afinal, aquilo era ou não era uma ditadura?

O resultado é que fui expulso de todas as entrevistas posteriores que ele concedeu. Simplesmente me chamou numa sala e disse: "O senhor está proibido de participar de minhas entrevistas. O senhor está torcendo contra o Brasil, aqui no exterior". Respondi discretamente: "Senhor ministro, temos opiniões diferentes sobre os interesses nacionais".

Depois daquilo, fui apenas cobrir uma corrida de touros em

homenagem a Juraci Magalhães. Havia um palanque improvisado, comidas típicas e muita poeira. No palanque estavam o ministro brasileiro e as autoridades portuguesas. Fiquei imaginando toda aquela nuvem de poeira que existia na região cobrindo aquelas figuras, sepultando-as para sempre. Era uma gente de museu.

Segui viagem para Londres com um novo nó na garganta. Afinal era proibido de participar de entrevistas somente porque formulei uma pergunta sincera. Que país era esse?

Um pouco mais tarde, fui chamado para responder essa pergunta. Dançávamos numa festa da Escócia e fui abordado por um estudante da Etiópia. Soubera que vinha do Brasil e queria discutir sobre a queda de Goulart, que acompanhara, mais ou menos atentamente, pela imprensa. O imperador da Etiópia já havia visitado o Brasil e, por sinal, quase fora golpeado também. Olhei cuidadosamente para o etíope. Lembro-me de que tinha um terno azul-marinho, uma camisa branca, era bem mais magro do que eles costumavam ser e trazia no bolso um livro de Wright Mills sobre os marxistas. Pensei: esse cara vai me fazer falar sobre o Brasil, vai me fazer sentir saudades do Brasil, vai me dar vontade de voltar ao Brasil e, que diabo, o curso que temos de fazer aqui ainda não chegou nem à sua parte final.

Uma semana depois, estava de volta ao Brasil. Saí correndo de Glasgow para Londres, pedi a passagem de volta à amiga que vivia comigo e ia diariamente à Varig para ver se tinha chegado. Em princípios de dezembro já estava no país. Desci primeiro em Guararapes, para comprar um maço de cigarros e tomar um café. Tinha uma nota de uma libra na mão e valia uns três dólares, creio. Pedi um café, comprei o Continental e perguntei quanto era. O homem do bar olhou para a minha mão e disse: uma libra. Caí na gargalhada e deixei o dinheiro aterrissar suavemente no balcão. Sem dúvida estava chegando ao Brasil e desempenhava com muito prazer o papel de otário. Uma libra era apenas três dólares e estava com tanta saudade. Aeroporto do Galeão. A imensa fila. A gente desce de paletó, vai tirando as roupas aos pouquinhos e já passa pelo guichê do passaporte sem camisa. Ainda não eram os homens da polícia política que ficavam ali, com seus computadores e suas listas.

Era preciso fazer alguma coisa. Quantas vezes você não ouviu essa frase? E quantas vezes isso não é o princípio de grandes equívocos? Alguém me propôs ajudar a guerrilha de ex-militares que estavam prontos para subir o morro. Ex-militar para mim significava gente cassada pelo golpe em 64, gente portanto de confiança. Mas, ainda assim, minhas lembranças de militares não eram positivas, do mesmo modo como a idéia de que eles têm dos intelectuais talvez esteja também cheia de preconceitos, que o tempo desfaz ou às vezes confirma.

Lembrava-me por exemplo da candidatura do marechal Lott. Como tinha sido duro para as forças de esquerda levar o marechal nas costas. A mãe do Helinho, que é mulher de extrema sabedoria, tendo vivido anos no Estácio, costumava dizer para ele:

"Filho, o marechal Lott é nosso candidato, é do nosso lado. Mas não parece. A gente tem sempre de fazer muita força para acreditar."

Um pouco antes do golpe, quando ainda morávamos em Minas, houve o caso do cabo Afonso. José Maria Rabelo foi candidato a vice-prefeito pelo PSB. Cabo Afonso ajudou na campanha e era uma espécie de segurança do José Maria. Naquele quebra-pau na Secretaria de Saúde, quando a direita impediu que Arraes fizesse seu discurso, em Belo Horizonte, estavam dentro da sala cabo Afonso e José Maria. Cabo Afonso não teve conversa: quebrou algumas cadeiras e partiu para o combate, derrubando muita gente. Houve um momento em que subiu na mesa e gritou eufórico para José Maria:

"Olha aí, seu Zé, estamos arrebentando esses socialistas."

Um pouco constrangido, Zé Maria respondeu do seu canto:

"Cabo Afonso, cabo Afonso, os socialistas somos nós."

No entanto era preciso fazer alguma coisa. Caparaó foi para mim a primeira possibilidade de ajudar, do fundo dos bastidores, num teatro estranho, onde não se ouviam nem os tiros nem as palmas. Na realidade não houve nem um nem outro.

O primeiro contato com os ventos do Sul tive através da mulher do sargento Raimundo, que havia sido assassinado na tortura em Porto Alegre. Ela chegou ao Rio com os filhos e buscava asilo, pois temia também por sua vida.

A viúva do sargento me chegou às mãos através de uma grande amiga. Entretanto, não tinha naquela época a mínima idéia de como conseguir asilo político para alguém. Contudo, era um aprendizado que faria muita falta. Conheci um japonês no Chile que alugou uma casa que pertencera à Embaixada do Peru, um pouco antes do golpe de 73. O endereço estava no catálogo telefônico e a casa do japonês foi assaltada por umas 150 pessoas que caíam pelas janelas, entravam pela porta dos fundos, às vezes tentavam até escalar o telhado através das casas vizinhas. O japonês ia comer e, de repente, ouvia aquele baque surdo: era alguém caindo de costas na sala. Ele ficou traumatizado, abandonou sua casa, correu para sua embaixada e gritou: "Asilo, asilo".

No fim da década de 60, entretanto, o asilo político ainda não era coisa muito comum entre nós. Ocorreu-me levar a viúva para a Embaixada do Chile, mas não dispunha de contatos para sondar. Tentamos também o México, sem resultados positivos. Decidimos forçar a barra no Chile, mas não adiantou: o funcionário expulsou a mulher e as crianças pelas escadas e compreendemos que, se continuássemos aquela encenação, breve, breve iríamos atrair a polícia.

Não consegui saber que destino tomou aquela mulher. Passei para outras mãos a responsabilidade e continuei esperando um contato com os ex-militares. Possivelmente, já estavam subindo a montanha para fazer Caparaó, a guerrilha que caiu sem disparar um único tiro, sem realizar uma única ação.

Fui contatado na redação do JB por uma pessoa que me dizia ter chegado a hora de prestar ajuda aos guerrilheiros. Precisava noticiar numa rádio que uma pessoa tinha ficado doente. Tratava-se de um ex-sargento que viera para a cidade fazer contatos, caíra nas mãos da polícia e poderia fornecer informações sobre o campo da guerrilha. A notícia teria a função de alertar os guerrilheiros, que tomariam as providências necessárias; em outras palavras, fugiriam o mais rápido possível.

Naquele momento não sabia de tudo isso. Minha tarefa consistiria em noticiar que uma pessoa havia ficado doente. As organizações clandestinas às vezes se parecem, para quem está de fora, com as conversas de adultos ouvidas por uma criança. Ela morre de curiosidade de saber, inventa mil e uma fantasias, mas nunca descobre o conteúdo daqueles sussurros nos cantos da sala, dos cochichos noturnos ao redor da mesa da cozinha. Naquele tempo se dizia: cala a boca, menino, não se meta no que não é da sua conta. Agora se diz: é uma questão de segurança, companheiro; procure compreender.

Compreendia tudo, menos uma coisa: como era possível colocar na rádio uma notícia de que um sujeito chamado Gessy ou Gercy havia ficado doente. Se fosse o papa, se fosse uma celebridade, seria fácil. Ou se fossem muitas pessoas doentes, uma epidemia, quem sabe? A rádio JB tinha uma seção chamada Utilidade Pública. Entrava um cara, falando com aquela voz grossa, e anunciava que as farmácias de plantão só abririam às nove horas, que um buraco estava atrapalhando o trânsito em Engenho Novo. Mas mesmo aí, na utilidade pública, a notícia ia soar um pouco artificial. Foi com muita dificuldade que convenci um dos redatores da JB a incluir a notícia. Família aflita, mulher esperando, crianças perguntando pelo pai — reuni todos os ingredientes possíveis para vencer a resistência do redator. Finalmente, a notícia foi ao ar. Um pequeno problema apenas: os guerrilheiros estavam com seu rádio de pilha desligado e não souberam da novidade que o serviço de utilidade pública lhes transmitia com toda a solenidade por suas ondas curtas, médias e freqüência modulada.

PRF-4, Rádio Jornal do Brasil: todos em cana. Eis a notícia que iria aparecer 24 horas depois nos boletins normais, dessa vez sem precisar convencer os redatores.

Posso vê-los todos baixando o morro, com seus uniformes meio rasgados, com a barba por fazer, cercados pela polícia. Vejo a foto do Capitani, que iria para Juiz de Fora, para as margens do Paraibuna, em Santa Teresinha, onde começaria a cumprir sua longa pena, mais tarde interrompida com a fuga da Lemos de Brito. Tenho vontade de gritar daqui, dessa sala do redator-chefe, onde as fotos ainda chegam meio molhadas:

"Olá, gente boa. Daqui a uns anos a gente acaba se encontrando."

6. O BURACO É MAIS EMBAIXO, MONSIEUR

MAIS TARDE, reexaminando suas posições, Régis Debray admite que o esquema cubano não era aplicável a todos os países latino-americanos ao mesmo tempo. Ele próprio publica uma carta de Louis Althusser considerando *Revolução na revolução* uma tese muito mais negativa do que positiva, no sentido de que aponta linhas políticas falsas e inadequadas mas não convence da justeza da linha que defende. Debray, segundo Althusser, nos oferecia um excelente roteiro sobre o que não fazer, através de sua crítica à esquerda tradicional.

No mesmo exame crítico, Debray mostra-se um pouco irritado com o Brasil, um país onde as idéias políticas chegam com atraso em relação ao resto do continente. Para ele, a guerrilha começou a ser pensada no Brasil quando já estava em decadência em outras partes da América Latina. Caparaó, entretanto, foi uma tentativa de seguir a palavra de ordem corrente em 1967: criar um, dois, três, muitos Vietnãs.

Quando Debray foi preso na Bolívia, Caparaó também caía no Brasil e ali em Juiz de Fora, na IV Região Militar, ensaiavam-se alguns passos do sinistro balé que iríamos dançar a partir do fim da década: suicídios forjados, gente pendurada de cabeça para baixo, testículos esmagados a pontapé.

O que irrita muito no Brasil é a dificuldade com que o país se enquadra em esquemas generalizantes. Até os turistas se espantam de não nos verem com um sombreiro, usando bigode, tocando nossos violões e cantando, sem parar, o "Cucurucucu Paloma".

Da mesma forma, é difícil imaginar nossos camponeses sem aquelas cartucheiras do Pancho Villa, sem aqueles gritos de "*gringo, pagarás con lo sangre*"... Mesmo os cubanos que combateram com o Che na Bolívia, portanto ao lado de Debray, nos contaram como era difícil desenvolver o trabalho político junto aos camponeses de algumas áreas onde estiveram. Eles tinham a experiência dos camponeses cubanos e estavam diante de uma realidade às vezes completamente diferente: um índio mascando coca e olhando para o infinito durante horas sem dizer uma só palavra. Você pode recitar os três volumes do *Capital* e ele vai continuar olhando fixo para um mesmo ponto. Numa outra.

Conosco o buraco é mais embaixo. Quantas vezes não tentamos traduzir essa expressão para outros idiomas, para começar a conversar sobre a experiência brasileira. O próprio livro de Debray, que despertou obediências mais ou menos cegas, foi alvo de inúmeras críticas ao chegar ao Brasil. Seus pontos mais frágeis, a identificação da coluna guerrilheira com o partido, o desprezo pelo trabalho das massas, eram os alvos freqüentes dos ataques.

A conferência da OLAS, em agosto de 1967, pretendia ser uma orientação geral para as lutas no continente e veio a ter uma grande importância no processo de discussão que se iniciara com o golpe de Estado de 64. Todas as organizações que existiam em 64 iriam se fragmentar: PCB, Polop e AP. Mas a fragmentação mais ruidosa se daria no interior do PCB, que era a mais forte delas. Surgiram várias cisões: uma na antiga Guanabara, outra no Estado do Rio e a de São Paulo, tendo como dirigente Carlos Marighela. Ele participara da Conferência de Havana e rompeu abertamente com o PCB para fundar a Ação Libertadora Nacional.

O cumprimento da orientação da OLAS para o Brasil, orientação que surgiu do debate coletivo em Havana, teria de passar por mediações inevitáveis. Como lançar um foco guerrilheiro no Brasil, onde a esquerda nunca tinha tido contatos de importância com os camponeses? Caparaó fora uma experiência meio a ferro e fogo, sem grandes considerações pelas pessoas que moravam na região. Escolhera-se uma área, militarmente adequada, e tomava-se esse referencial como o mais importante.

Foi um pouco desse impasse que surgiram as primeiras ações armadas no Brasil. Para lançar a coluna guerrilheira, não importava onde, era necessário dinheiro, material, inversões de grande peso. Não havia dinheiro e muito menos conhecimento do interior do Brasil. A esquerda era na época, e possivelmente ainda o seja hoje, quase que exclusivamente urbana, enraizada no movimento estudantil e entre os intelectuais.

Alguns grupos pensavam em fazer suas ações armadas sem nem sequer dizer que eram feitas pela esquerda. Marighela acreditava, entretanto, como quase todos, que o Brasil vivia uma crise econômica e política sem precedentes. Para ele, as ações armadas, uma vez deflagradas, iriam se generalizar e de maneira nenhuma representariam um obstáculo para o trabalho no campo, para onde seriam canalizados os militantes que se queimassem na cidade. Foi talvez com essa presunção que escreveu *O manual do guerrilheiro urbano*, mais tarde utilizado na Europa num contexto completamente diferente.

O talvez se deve aqui à falta de uma documentação detalhada, que explique, ponto por ponto, cada passo que foi seguido no período. Só existe uma fonte que poderia traçar essa história com mais precisão: os órgãos de segurança do governo, que detêm em seu poder a mais formidável biblioteca sobre o período, sem contar os inúmeros depoimentos e cartas que lhes caíram nas mãos.

Dentro da esquerda, havia uma outra corrente que pensava em fazer também sua guerrilha rural, mas raciocinava de uma forma singular. Essa corrente se intitulava Vanguarda Popular Revolucionária. Seus documentos quase sempre vinham assinados por um escritor chamado Jamil. Para essa posição, se nos basearmos apenas nos documentos, não era importante a generalização das ações armadas na cidade. A idéia geral era a de que apenas alguns grupos bem armados e bem treinados seriam suficientes para colocar o poder em xeque permanente. Além do mais, a entrada em cena de novos militantes, em número muito superior e de forma incontrolada, poderia representar um perigo para a segurança do grupo. De uma maneira mais pura, portanto, teorizava-se aí a grande ilusão do período: a luta contra o governo poderia ser feita independente do povo, por alguns grupos armados, dotados de muita técnica e, naturalmente, de ousadia.

Tudo se passava como se houvesse especialistas em luta contra o governo, especialistas que iam cuidar de tudo e, num determinado momento, quando não se sentissem mais ameaçados, chamariam o povo para participar daquelas lutas.

Entre essas duas correntes havia muitas nuances. Todas elas, praticamente, acabaram reduzidas a uma prática idêntica: a de realizar ações armadas na cidade, enquanto acumulavam forças para iniciar o trabalho de campo. Ainda que em alguns casos não se acumulassem forças e sim rabos, isso não parecia preocupar: os mais queimados seriam progressivamente deslocados para o campo.

Vêm aí os estudantes. Corria o ano da graça de 66, e os estudantes brasileiros já entravam no pau. A invasão da Faculdade de Medicina pela polícia militar foi um desses momentos de repressão que comoveram a todos. Os estudantes foram forçados a sair pelo corredor polonês, apanhando dos dois lados, pelas costas, de cima pra baixo, de baixo pra cima. E não adiantava correr.

A repercussão da violência policial se fez sentir em São Paulo, onde houve passeata de protesto. O movimento estudantil estava se reorganizando muito rapidamente, um pouco também estimulado pela repressão. O instrumento máximo da repressão era a Lei Suplicy de Lacerda, que tinha o mesmo nome do ministro da Educação no período.

A Lei Suplicy surgiu como reação ao congresso da UNE em 65. Seu objetivo era quebrar a espinha dorsal da entidade estudantil e reorganizar a representação estudantil nos conselhos. Boicotar ou não a Lei Suplicy, participar ou não daqueles conselhos? As forças de esquerda tomavam uma posição cada vez mais clara e iam aglutinando toda a insatisfação que existia na universidade.

Quando os estudantes foram chamados a votar no conselho, a presença da cédula branca, do voto nulo era bastante grande.

E, na medida em que começava a se desenvolver a discussão, crescia também a vontade de ir para as ruas, denunciar a política do governo.

Esta pequena multidão que vejo caminhando contra o trânsito, aqui da sacada do JB, é fruto da luta contra a Lei Suplicy de Lacerda e sofre, de alguma forma, a influência dos debates que se travavam no interior da esquerda. Eles caminham de cabeça erguida, começam com o "Mais verbas, menos tanques", mas quase sempre acabam gritando: "Abaixo a ditadura". Se se fosse um pouco mais conhecedor daquilo tudo, se os carros não estivessem buzinando tão furiosamente, talvez se pudesse ouvir um ou outro grito solitário: "Só a luta armada derruba a ditadura".

Quem eram aqueles garotos que avançavam de jeans, com as camisas por cima da calça, com os olhos atentos às ruas laterais, de onde, a qualquer instante, poderiam surgir os homens? No bolso, traziam uns panfletos mal impressos, que a gente quase não consegue ler na semi-escuridão da avenida Rio Branco. Talvez um ou outro carregasse consigo as normas de segurança: ir em jejum para evitar complicações em caso de ser ferido à bala no estômago, mastigar aquelas pastilhas de Redoxon para atenuar os efeitos dos gases lacrimogêneos, enrolar um lenço no pescoço para improvisar uma proteção, coisas assim que eram, no fundo, muito menos do que uma real proteção: estavam apenas se amparando para que os golpes doessem menos.

Era um momento em que, na realidade, a grande, única e invencível medida de proteção era sair correndo. Em alguns momentos, a corrida terminava dentro da Câmara dos Vereadores, prática esta que mais tarde deveria dar resultado quando estavam todos com o corpo de Edson Luís ainda quente nas mãos e alguém perguntou: "Pra onde levar esse cadáver?".

O máximo de ofensividade possível era devolver com um pontapé as bombas de gás que caíam diante deles. Não se tem, entretanto, a mesma pontaria devolvendo bombas com pontapé, naquele sufoco, no corre-corre da avenida Rio Branco.

A maneira de se organizar eram os *grupos de cinco*. As pessoas se encontravam num ponto, ficavam sabendo onde seria a passeata e rumavam para lá, despistadamente. A dissimulação, reconheço, era um pouco relativa. Os PMs não notavam e isso já era o suficiente. Os *grupos de cinco* vieram a ser importantes mais tarde, quando a barra pesou. Ela foi pesando aos poucos. Primeiro davam uns tiros pra cima. Imediatamente alguém de nós, dentro da multidão, gritava: é pólvora seca, é pólvora seca. Tudo bem. Continuava-se a marcha. Isso até o dia em que os tiros não eram pra cima e não adiantava gritar "pólvora seca", como defronte à ABI, com aquela menina, Márcia, creio, sangrando no pé. Pólvora seca não sangra. Sangra. Não sangra. O melhor era debandar.

Mas os *grupos de cinco* eram bons também para saber quem foi preso, quem não foi. Havia um encontro depois da passeata e quem não aparecesse, dentro de um certo prazo, era dado como *caído*. Acionava-se o esquema de segurança, que quase sempre consistia em avisar a família e o advogado, publicar uma notinha nos jornais. Lembro-me, um pouco mais tarde, de uma queda em massa ocorrida em Botafogo, dentro do estádio. Deram-me listas enormes de pessoas presas e passei o fim da tarde e quase toda a noite telefonando para as famílias. Era tanta gente que não tínhamos tempo para sutilezas, preparar os corações e essas coisas que são necessárias.

"Minha senhora, seu filho foi preso..."

"Como? Meu Deus, que é que vão fazer com o Arnaldo?"

"Minha senhora, seu filho foi preso..."

"O que é que o senhor está dizendo? Onde, como? Quem prendeu?"

"Minha senhora, seu filho foi preso."

"Como? Hã-Hã. Tá bem, vou avisar o advogado."

"Minha senhora, seu filho foi preso..."

Pausa.

"Minha senhora, seu filho foi preso, ouviu bem?"

Pausa. Voz bastante firme:

"Era só o que faltava".

Os tempos voavam e o progresso chegava aos quartéis da PM, que importava equipamento moderno dos Estados Unidos: walkie-talkies, cães adestrados que faziam tudo, táticas antimotim, mil coisas que passavam nos jornais da televisão e davam notinhas nos jornais, como a foto dos cachorros abrindo a boca. Pra quem? Muitas dessas novas táticas foram sendo checadas, muitos equipamentos faliram no choque com as passeatas. A falência mais monumental foi a do Brucutu. O Brucutu era um carro dotado de mangueiras potentes capazes de paralisar a multidão com jatos de água fria. Num dos dias mais difíceis para eles, resolveram estrear o Brucutu e, naturalmente, usar todo o peso psicológico da estréia, anunciada pelos jornais. A passeata conseguiu desnorteá-los completamente, e quando decidiram usar o Brucutu saiu apenas um pouco de água e, subitamente, as mangueiras secaram. Lembro-me do psicanalista Hélio Pelegrino, aquela figura maravilhosa, gritando com seu vozeirão em pleno largo da Carioca:

"Gente, o Brucutu brochou, o Brucutu brochou."

Os tempos voam também sobre o narrador. Quase na hora de pular o muro da Embaixada da Argentina e ainda nem chegamos a 68. E 68, vocês sabem, já estava se gestando nas esquinas, nas fábricas, nas redações.

7. SOMOS TODOS COSMONAUTAS?

Meu encontro com aquela nova geração de políticos pode não ter revolucionado o país, como era nosso propósito, mas revolucionou minha vida. As passeatas eram feitas diante de meu trabalho e jamais deixei de cair em tentação, exceto no momento mais negro da sexta-feira sangrenta. Sempre que possível, descia as escadas sorrateiramente, protegido pela cumplicidade amistosa dos companheiros de trabalho, e já estava no meio da massa, como dizíamos na época.

Ao cabo de algumas passeatas, consegui encontrar realmente um dos grupos organizados que atuava no movimento estudantil do Rio. Era um grupo saído do Partido Comunista Brasileiro e se chamava Dissidência. Quase todo forjado nas manifestações do período, o grupo tinha grande respeito pelo trabalho de massas e além do mais tinha uma noção muito clara da limitação do movimento estudantil. Para ele, a força decisiva era a classe operária.

Os operários é que iriam decidir tudo, a médio e longo prazo. Mas nós éramos operários. Minhas primeiras tarefas consistiam, exatamente, em contribuir para a vinculação do grupo com os operários. Como? Acordávamos às cinco horas da manhã, tomávamos o volks que eu tinha e seguíamos para as fábricas, a fim de distribuir propaganda e discutir com os eventuais interessados. Ficávamos naquela propaganda até as sete horas em ponto, quando os operários já tinham entrado na fábrica. Dali, voltávamos todos para o centro, onde ia começar a trabalhar no JB, por volta de sete e meia.

Meu corpo por vezes transigia. Era preciso um despertador bem forte para nos colocar fora da cama às cinco. As noites eram passadas em discussões, leituras, às vezes em pura vagabundagem amorosa. Todos os dias, o despertador tocava à mesma hora e nem sempre o corpo se movia. Problema ideológico, dizia o assistente. Era o termo que se usava e creio que se usa ainda para analisar nossas fraquezas.

Começavam bem cedinho com aquela expressão *problema ideológico*, e com os debates, mais ou menos monotemáticos, que fomos desenvolvendo quase que ao longo de toda militância comum. Dorme cedo, companheiro; o Carnaval é um dia como os outros, companheiro; não leia os escritores decadentes, companheiro. É verdade que aborrecia um pouco, mas sempre dentro de um clima de respeito mútuo.

Aquela geração de jovens políticos tinha uns dez anos menos que eu. Minha revolta se curtiu no triângulo familiar, nas lutas para ter os amigos que quisesse, escolher a carreira que me parecesse melhor, chegar em casa mais tarde. Esses jovens se chocam na adolescência com um problema inédito para nós: a ditadura militar. Nos tempos de secundarista, combatíamos uma política educacional elitista, mas num quadro de um governo democrático.

Essas diferenças foram pesando muito nas formações que se defrontavam ali, diante de uma atividade comum. Para eles, tudo era política partidária. Alguns não tinham tido nem sua primeira namoradinha e já estavam inscritos numa organização. Lembro-me de Dominguinho, o mais doce e inteligente de todos, que vinha com sua sacolinha de plástico, às vezes com um revólver calibre 38, às vezes com um conjunto de documentos sobre o foco guerrilheiro.

"Dominguinho, por que é que você não compra um álbum e não vai colecionar figurinhas? Por que você não arranja uma namoradinha e vai acariciá-la num banco de jardim?"

"O que é isso, companheiro?"

O que era isso, companheiro? Até hoje tento explicar a causa de nossas desconfianças mútuas. Os de minha idade já estavam colocados, já tinham empregos bem remunerados e gastaram grande parte de sua vida tentando entender as relações interpessoais. Eles, os da nova geração, não colocavam esse problema na ordem do dia. Eram capazes de localizar todas as intenções escondidas num discurso político, apontar as causas econômicas de uma certa vida histórica. No entanto, faziam uma leitura linear dos sentimentos.

Os primeiros meses de vida política foram cheios de apreensões. Meus parceiros, que eu ia deixando pra trás, nas redações ou em outras carreiras, tinham uma outra visão de mundo. Se alguém dissesse, por exemplo: "Não quero nunca mais ver aquela mulher", saberíamos imediatamente complementar a frase com um sorriso irônico, pois fomos aprendendo nas próprias penas de amor que nem tudo que se fala é o que se vai cumprir. Já a nova geração parecia capaz de dizer "nunca mais" sem nenhuma desconfiança. Daí as apreensões: eu tinha medo que de um lado ficassem aqueles que entendem de pessoas e do outro aqueles que entendem de política partidária.

Mas eu precisava me acomodar naquele barco com todos os meus defeitos, pois o caminho era muito atraente. A cisão era mais profunda, fui percebendo com o tempo, e, também com o tempo, fui me acostumando. Em alguns setores, encontrei muita tolerância para com minhas idéias, apesar de que as mesmas reservas vão se deslocando para outros temas, todos ligados a isto: aos sentimentos, aos costumes, à psicologia.

Que psicologia marxista existia ou existe hoje? Eles faziam uma leitura correta do quadro teórico que receberam. Graças à minha formação "decadente" talvez pudesse colocar um dedo na engrenagem. O dedo que Karel Kosik coloca tão bem: Kafka é um pequeno-burguês mas nem todo pequeno-burguês é Kafka. Nosso quadro teórico nos permitia apenas explicar as determinações sociais que operam no indivíduo. Mas não tínhamos a mínima idéia das múltiplas mediações que são colocadas pela vida pessoal de cada um ao receber essas influências sociais.

Essa cisão que se operou no movimento não foi completamente sem conseqüências. Tudo é política, tinham razão. Mas as verdadeiras dimensões da política do corpo, não podiam captá-las. Assim como nossas tias achavam que a civilização ocidental e cristã cairia por terra se continuássemos mexendo nossas bundas e pernas ao som do rock and roll, muitos acreditaram, solenemente, que o edifício marxista-leninista iria ruir se, de repente, começássemos a esfregar os clitóris das mulheres.

Esse debate indireto pode ter influenciado uma série de opções posteriores. O movimento das mulheres, por exemplo, não encontrou espaço para emergir em 68 e nem o encontrou ao longo dos anos de luta armada. Mesmo a questão da tortura nem sempre foi bem enfrentada, na medida em que, em muitos manuais, se recomendava "sorrir com desprezo aos torturadores". Quem se achava capaz de sorrir com desprezo para os torturadores tinha um conhecimento muito precário de suas limitações. A tortura pedia em muitos casos capacidade de ceder num movimento para ganhar em outro, dissimular em minutos decisivos para recuperar a força, enfim, toda uma política que não podia ser a política de oito ou oitenta, só possível para velhos militantes, que conhecem bem sua capacidade de resistência.

Portanto, era reclamando um pouco que acordava às cinco para distribuir aqueles panfletos. Voltávamos pela Presidente Vargas um tanto desanimados. O trabalho operário nas médias e pequenas fábricas do Rio parecia com as pescarias em certos trechos do Paraibuna, de onde sempre se voltava de mãos abanando. Chegava ao JB, fazia rapidamente meu trabalho e depois dormia um pouco, com os dedos segurando as pálpebras para evitar a claridade da Rio Branco. Era quase sempre acordado pela secretária do editor-chefe ou por um contínuo. Eles me tocavam carinhosamente e anunciavam que já era hora. Minha carreira entrava em decadência. Tanto melhor.

Mas a convivência com os dois mundos não poderia deixar de me impressionar. Às cinco e meia, distribuindo panfletos contra o arrocho salarial nas portas das fábricas, exatamente como se fazia no princípio do século na Rússia. Às sete e meia, produzindo um grande jornal conservador que fora bem-sucedido ao adaptar ao Brasil uma série de técnicas norte-americanas, as mais avançadas do gênero. Isso para não falar na televisão, que, já naquela época, apresentava novelas de sucesso e comprava para o Brasil direitos de peças e shows sofisticados.

Por que os operários nos olhavam com tanta desconfiança e frieza? O que é que havia de errado em nossa propaganda contra a contenção salarial e a favor de uma organização independente da classe? Essas perguntas iam e vinham na minha cabeça, sem que pudesse desenvolvê-las. Tinha medo de estar vacilando, de superestimar a técnica. Pensava: aos poucos, esses panfletos serão lidos, compreendidos e multiplicados por milhares de trabalhadores. Perdemos essa manhã, mas o futuro é nosso. Mais tarde, repetiríamos esse pensamento em outras circunstâncias: perdemos essa batalha mas a guerra será ganha, não há dúvida.

Vivíamos talvez um pouco assediados por nossas perguntas reprimidas. Lançar uma delas era sempre perigoso e terminava com auto-afirmações da vitória inevitável do proletariado, da crise geral em que o capitalismo estava mergulhado. E nós que éramos tão irreverentes, que perguntávamos tudo. Às vezes, lembro-me de um cara em minha terra que dava festinhas quase todos os sábados. De vez em quando, parava a festa e dizia:

"Tá na hora de cantar *parabéns pra você* que é pro vizinho não desconfiar de nada."

A descoberta do potencial conservador da esquerda no que diz respeito aos seus próprios mitos, ao embrião de uma política cultural, tudo isso marcou profundamente minha militância. Até hoje. Sempre que se anuncia algo de novo e perturbador é preciso cantar o *parabéns pra você* bem rápido, para que os vizinhos não desconfiem.

Muitos intuíram cedo os caminhos que estávamos seguindo. Logo após o seqüestro do embaixador americano, fui me encontrar com Zé Roberto, no Leme. Ele sabia de tudo e perguntou como estava a coisa lá na casa. Disse que estava tudo bem, que estávamos tocando o barco. Ele segurou seu cachimbo suavemente, virou-se para mim e disse:

"Vinha andando para esse encontro e um cara no ônibus me dizia que os seqüestradores do embaixador americano eram as pessoas que ele mais admirava. Os seqüestradores do embaixador e os cosmonautas."

Depois disso, Zé Roberto me olhou bem nos olhos e perguntou: "Não somos cosmonautas, somos?".

Respondi que não. Que pelo menos eu e ele jamais seríamos cosmonautas.

Zé Roberto foi morto em janeiro de 70, depois de cercado pela polícia. Levou um tiro na cabeça. E eu me casei com sua companheira, Vera, assim que saímos da cadeia e debaixo da crítica de alguns, que achavam não ter sido cumprido o tempo regulamentar do luto. Fomos muito felizes, dentro dos limites.

8. SANGUE, GASES E LÁGRIMAS

Tenho uma grande amiga que não lê os jornais. Ela construiu um minúsculo quarto de costura em seu apartamento e passa parte do inverno consertando roupas do princípio do século. Às vezes, sai para dar uma olhada no Museu de Arte Moderna, outras vezes prepara em casa um pão que aprendeu com sua avó. Ela vem de uma parte da Suécia chamada Terra Quente e, sempre que acontece uma coisa muito séria no mundo, costuma perguntar:

"Como é que você explica isto, acontecendo assim tão de repente?"

Tudo para ela foi acontecendo tão de repente. O fim da guerra do Vietnã, a queda da ditadura grega, a revolução dos cravos em Portugal, os garotos morrendo no garrote vil na Espanha. Ela tem umas tranças bem finas saindo de um cabelo liso e desarrumado, de forma que as tranças parecem não pertencer a ela. Com suas roupas antigas, mil tons de roxo, aquele modo de se inclinar sobre o cachimbo como quem embala uma criança, os olhos azuis apertando, ela costuma me perguntar sobre o 68 no Brasil. Duas ou três tragadas das plantas que ela mesma cultiva com luzes especiais, já está alta, *so high baby*, e sigo falando sozinho, tentando recompor o tempo que nos escorreu pelos dedos, como a fumaça que vai deixando seu perfume no ar. Grilo? Dez anos não são dez dias. A avenida Rio Branco, creio, é uma avenida que começa e termina no mar. Se você sai chorando por uma das transversais, te ganham. Se você continua... Os camburões eram preto e branco ou amarelo e cinza? Quantos segundos leva para uma bomba de gás estourar?

Pessoal, é por aqui. Mataram um estudante. Podia ser teu filho. Você que é explorado, não fique aí parado. Povo organizado derruba a ditadura. Não: só a luta armada derruba a ditadura. Não: povo organizado derruba a ditadura.

A morte de Edson Luís no Calabouço foi um novo alento para um movimento de massas que já estava em ascensão. O encontro entre a PM e os secundaristas, que protestavam contra os preços e a comida do Calabouço, parecia que ia ser apenas mais um encontro: bombas pra cá, gritos e vaias pra lá, e todos continuariam o dia dentro da maior normalidade.

O tiro que matou Edson disparou também um processo que a própria direção do movimento não conseguiria controlar. Primeiro foi o choque, o grito de ódio. Em seguida foi o corre-corre, o vaivém, o zunzum, sem que se soubesse exatamente o que fazer. A idéia de levar o corpo para a Câmara dos Vereadores, na Cinelândia, foi muito importante. Com o corpo nas mãos, ninguém poderia negar aquela morte, enquanto a notícia ia correndo pela cidade, mobilizando as pessoas. De todo lado começava a chegar gente.

Lembro-me de outras medidas importantes. Uma delas foi a criação de uma comissão para organizar a passeata do enterro e tomar outras providências. Essa comissão foi criada um pouco espontaneamente, com as pessoas que iam subindo para o primeiro andar. O advogado Marcello Alencar era uma delas. Lembro-me de cruzar com ele nas escadarias e ter ouvido dizer: estamos formando uma comissão lá em cima, onde é que você anda?

Estava maravilhado com os discursos que se faziam na porta da Câmara. Era uma tribuna livre. Desfilavam por ela líderes estudantis, populares, políticos profissionais, todo mundo que quisesse falar um pouco. O tema também era livre: o ponto de partida era a morte de Edson Luís, mas o ponto de chegada era o mais disparatado possível. "O sertão virando mar, o mar virando sertão", era o mínimo que você podia ouvir dali, daquela mesma Cinelândia onde em 64 esperávamos notícias do esquema militar de Jango.

Já se podiam intuir algumas tendências por aqueles discursos. Os políticos profissionais surgiam de gravata e faziam discursos também engravatados. Pareciam, alguns deles, falar uma linguagem de anos atrás. Os líderes estudantis eram um pouco mais à vontade. Mais tarde, Vladimir confirmaria essa tendência, não apenas se impondo pela posição política, que era majoritária, mas também pela maneira direta e coloquial com que se comunicava. "Gente, o negócio é o seguinte." Que diferença para o "meus senhores e minhas senhoras".

Mas havia outra diferença mais interessante ainda. Os líderes estudantis faziam um discurso articulado, com princípio, meio e fim. Edson Luís havia sido morto pela polícia que estava a serviço da ditadura, que estava a serviço do capitalismo. Não se tratava apenas de lutar contra a polícia, portanto, mas de participar num combate mais amplo e mais complexo que era o combate pelo socialismo. Ao contrário do que diz a repressão, aqueles líderes não pertenciam às organizações políticas. Mas de alguma maneira refletiam a luta interna cujos temas já haviam transcendido os limites da discussão secreta. Luta pelo socialismo e luta armada estavam portanto na ordem do dia.

Completamente perdidas naquele enredo estavam as pessoas que viram a agitação na Câmara e se aproximaram para dar sua solidariedade. Muitas chegaram a fazer também o seu pequeno discurso e apresentavam sua perplexidade, inventariavam causas as mais diferentes, apontavam para os caminhos mais diversos. Se tivéssemos o poder de voltar atrás e recolher todos os discursos da época, talvez pudéssemos perceber ali que estavam sendo faladas duas línguas distintas. Uma, a dos partidos que sabiam o que fazer, que tinham sua tática e sua estratégia, e analisavam o episódio dentro da sua lógica mais geral. A outra, das pessoas que iam passando, que não dispunham de nenhum programa global para salvar nenhum país mas que se sentiam sufocadas por mil problemas cotidianos, pelo medo, pela pobreza. Uma gente cheia de vida, capaz de subir as escadas da Câmara e dizer que assim não dava mais, que o preço dos aluguéis estava muito alto, que o custo de vida tinha de parar de subir.

Duas línguas se falando, nenhuma entendendo a outra, exceto num ponto: estavam todos contra o governo. O enterro de Edson Luís, no dia seguinte, ia mostrando com clareza essa identidade. Milhares de pessoas apareceram e as janelas da praia do Flamengo estavam cobertas de luto pela morte do menino que poderia ser nosso filho.

As demonstrações que se seguiram à morte de Edson Luís deixaram para nós uma série de problemas e também indicavam uma série de soluções. Ficou evidente que o movimento estudantil não estava só. O processo de radicalização ia tocando todos os setores mais próximos, sobretudo os intelectuais, professores e trabalhadores na indústria de comunicação. Bancários e comerciários por sua vez passaram a dar o ar da graça, com pequenas comissões de solidariedade. O enterro de Edson Luís havia transcendido aquelas pequenas multidões compostas apenas de estudantes enxertados pelos jovens trabalhadores dos escritórios do centro da cidade.

Nascia, progressivamente, um movimento das camadas médias que tinha como vanguarda o setor estudantil. Para começar, era necessário criar organismos conjuntos que pudessem captar a insatisfação e conduzi-la conseqüentemente. A comissão popular, feita um pouco às pressas, com gente subindo o primeiro andar, era um ponto de partida. Tanto foi que, mais tarde, ela seria reconstruída na manifestação dos Cem Mil na forma da comissão que discutiu com o presidente Costa e Silva.

Mas a construção de organismos conjuntos servia apenas para ressaltar as dificuldades que mais tarde explodiriam. Para começar, os ritmos eram diferentes. Enquanto o movimento estudantil havia acumulado mais experiência, uma organização mais sofisticada que lançava mão de formas de luta mais radicais — como a passeata —, os outros setores estavam apenas iniciando um processo de recomposição. A tendência mais forte era a de tentar universalizar a experiência estudantil, um querer meio cego que os outros setores se radicalizassem também e fizessem passeatas. A criatividade no sentido de estimular a dinâmica específica de cada setor era relativamente pequena, diante da tendência mais forte de imitar os passos do movimento estudantil.

Outras dificuldades, de caráter teórico, iam aparecendo. Era nítido o limite do movimento que nascia. Se estamos num processo de revolução socialista, esse processo será liderado e conduzido pelos trabalhadores. O movimento das camadas médias não podia avançar muito e teria necessariamente que refluir à espera de que os setores mais conseqüentes tomassem a frente da cena e conduzissem as massas revolucionárias para o assalto aos céus.

Mas, se as classes revolucionárias tomassem a direção do movimento, aí sim é que apareceria um outro problema, muito mais sério: a simples luta de massas não tenderia ao fracasso necessariamente. Para muitos, a preparação de um trabalho de massas, ainda que tendo à frente os trabalhadores, era na realidade uma preparação para o massacre, caso não estivesse acompanhada de medidas de defesa próprias e não fosse pensada dentro de um contexto de preparação da luta armada. A luta de massas teria de ser pensada num quadro de revolução violenta e no quadro da formação de instrumento de poder: um exército popular.

Todos sabem que nem sempre um esquema assim é estritamente fiel. Havia nuances e, para dizer a verdade, havia concepções mais radicais, para as quais a luta de massas naquele momento só iria atrapalhar.

Mas os discursos que iam surgindo iam também revelando esse enredo inevitável: os estudantes se rebelam e se esgotam; os operários vêm no refluxo da luta estudantil e reconduzem todo o movimento de massas a partir do novo alento que lhe vão conferir; e o exercício revolucionário vai se nutrindo dos grupos e pessoas que esse movimento for apresentando.

Caminhávamos com essas esperanças para São Cristóvão, por exemplo, quando fizemos o Primeiro de Maio. A multidão seguia para o Maracanã, enquanto tentávamos, mais ou menos solitariamente, mudar o curso das coisas. Havia uma promessa de aparição de 5 mil metalúrgicos. Acreditamos. Olhávamos a rua deserta e nos perguntávamos: quando é que vão entrar ali, com suas bandeiras vermelhas, cantando a Internacional, como nos filmes ou nos romances?

Os operários não participaram do nosso Primeiro de Maio. A maioria esmagadora preferiu o Maracanã aos nossos discursos. Voltamos nossas atenções para São Paulo, de onde nos comunicavam que tinha havido uma demonstração muito mais importante do que a nossa. Com operários e tudo.

Voltando do campo de São Cristóvão, disse a Zé Roberto: "Os amigos daquela outra organização nos enganaram. Prometeram os 5 mil metalúrgicos e não apareceu ninguém".

Ele apenas disse: "A gente acredita no que quer, não?".

Só cortando essa. Minha amiga bodeou, antes que 68 começasse.

Mas em São Paulo, a situação era bem melhor...

9. UM DIA VÃO ENTENDER

AS NOTÍCIAS DE SÃO PAULO chegavam-nos aos poucos. Quebra-pau foi a primeira delas. Os gritos no Maracanã ainda se faziam ouvir às nossas costas. Um grupo de ação deslocara-se para lá e abriria uma faixa nas gerais: abaixo a ditadura. Houve aplausos, polícia chegando, locutores de rádio enfurecidos com a provocação, mas a partida continuou seu rumo, atraindo todas as emoções.

"Um dia vão nos entender", comentava um dos participantes do comício do Primeiro de Maio, em 1968. A massa preferiu abertamente o futebol. Quantas vezes, mais tarde, não ouviríamos esta frase: um dia ainda vão nos entender. Os maoístas suecos com seus zero vírgula não sei quantos por cento dos votos, debruçados em torno de um café fumegante na livraria Outubro: "Um dia vão nos entender, quando a crise apertar, vão nos entender".

A segunda notícia de São Paulo: quebraram a cabeça de Abreu Sodré, o governador. Olhávamos tudo um pouco perplexos. Aqui no Rio os trabalhadores, na sua maioria, seguindo para o futebol. Lá em São Paulo, estavam tão radicalizados que quebraram a cabeça do governador e ergueram cartazes de apoio à luta do Vietnã. Estávamos mesmo no Brasil? Nesse caso onde era o Brasil?

Só mais tarde, quando tudo ficou mais ou menos explicado é que fui entender aquele Primeiro de Maio. O setor radical dos trabalhadores, sobretudo concentrado em Osasco, preparara-se para a festa nos mínimos detalhes. A idéia geral era tomar a tribuna na praça da Sé e convocar uma manifestação para outra praça. Os participantes da manifestação vieram em ônibus especiais e estacionaram na Clóvis Beviláqua, seguindo a pé para a praça.

José Ibrahim estava escalado para falar. Ele mesmo conta que as pessoas ficaram surpresas quando viram entrando na praça algumas colunas de trabalhadores em formação militar, com cartazes contra o arrocho salarial, de apoio à guerra popular no Vietnã.

O Vietnã era o caminho. De que, não sabíamos bem. O Vietnã desenvolvia a luta armada e era esse o objetivo. Mais tarde, num trabalho sobre Osasco e Contagem, o sociólogo Francisco Weffort comentava a presença daquelas palavras de ordem sobre o Vietnã. E as entendia como uma transferência da problemática estudantil para o movimento operário, onde a questão do Vietnã não era assim tão discutida.

Para quem já estava resignado com um futuro remoto (um dia vão nos entender), as notícias de São Paulo eram um fortíssimo alento. Os trabalhadores preferiram um comício à partida de futebol, para começar. Os trabalhadores denunciavam a contenção salarial mas a ligavam à ditadura militar. Não estavam fazendo apenas luta econômica mas uma luta político-econômica, onde o primeiro aspecto era o principal — exatamente como rezam os livros de Lênin. E mais: os trabalhadores eram internacionalistas, pois tomavam a bandeira do Vietnã como se fosse sua.

Sempre gostei muito de pensar coisas boas quando entrava no Aterro do Flamengo, a caminho de casa. O mar à nossa esquerda, a brisa entrando pela janela são parceiros ideais para uma fantasia de fim de tarde. Tínhamos perdido uma batalha naquele Primeiro de Maio em São Cristóvão, mas a guerra, a vitória definitiva, seria nossa. Só perdemos se quebrarmos a perna, como dizia um turfista da minha terra, Antônio-me-Abraça. Onde estaria Me-Abraça, naquele momento, o ônibus deslizando pelo aterro, a brisa batendo no peito, as massas invadindo a pista, acenando bandeiras, fazendo amor para escândalo dos companheiros e companheiras incumbidos da segurança?

Não havia derrota possível. "Ou ficar a pátria livre ou morrer pelo Brasil", como dissera no comício o Índio Robledo, coitado, que se abalou até São Cristóvão para quase nada. Índio

Robledo era Cláudio Marzo, que fizera o discurso em nome dos artistas. A pátria ainda não estava livre, nem eu tinha morrido. A caminho de casa, entretanto, não suspeitava dos erros que estávamos cometendo, da apreciação desfocada.

Perdemos uma batalha, mas ganharemos a guerra. Nada de original nisso. Mais tarde vim a saber que quase todos falavam isso quando as coisas apertavam. O movimento de esquerda, segundo Gramsci, utilizava o mesmo mecanismo religioso. Sofremos na terra mas o Reino dos Céus será nosso. Os cristãos ainda sabem explicar como se chega ao Reino dos Céus. Era dificílimo, para nós, na realidade, compreender como ganharíamos a guerra perdendo todas as batalhas.

Uma das últimas discussões que tive sobre o assunto foi já no meio da década de 70, num bar do Quartier. Alguém me dizia que uma de nossas organizações de esquerda havia sofrido uma grande queda. E concluía como todo dialético: o caminho é cheio de idas e vindas. Estava para uma boa conversa naquela tarde, para começar uma dessas discussões que a gente não acaba nunca, dessas em que ninguém convence ninguém. Foi quando disse: mas, amigo, o caminho é cheio de idas e vindas, tanto numa direção como em outra. O nosso caminho, ele é para cima ou para baixo?

Mas o ano de 68 corria muito rapidamente mesmo para quem vai de ônibus, fantasiando. Ali mesmo no Café Danton, em maio de 68, começavam a acontecer coisas. O Maio de 68 foi objeto de longa discussão entre nós, que trabalhávamos em jornal. No departamento de pesquisas éramos obrigados a acompanhar tudo, para produzir artigos de interpretação. As palavras de ordem inscritas nos muros eram comentadas em detalhes; o título de Sartre, *A imaginação no poder*; as entrevistas de Cohn Bendit — tudo isso era matéria de discussão.

Estávamos divididos quanto ao Maio de 68. Nossa divisão passava diretamente pela posição do partido. Os mais próximos ao partido viam aquilo com desconfiança e respiraram aliviados quando o movimento operário apareceu em cena, podendo enquadrar a revolta. Os mais audaciosos apontavam todos os aspectos positivos do movimento e mostravam que, em todas as questões que ele levantara, o Partido Comunista tinha pouquíssimo a dizer. O movimento era uma expressão européia da luta contra posições esclerosadas e repressivas. Mais tarde, o movimento antiautoritário, que mexeu muito com as relações na universidade, explodia na Alemanha, confirmando que trazia preocupações que escapavam aos partidos tradicionais de esquerda.

Dentro do movimento estudantil brasileiro, entretanto, a repercussão de maio na França parece não ter sido muito grande. Entre os jornalistas, serviu para ampliar mais ainda a desconfiança mútua. Lembro-me de alguns simpatizantes do partido, sinceramente acreditando que nosso filósofo básico era Marcuse.

"Vocês ficam lendo esses caras de Frankfurt, esse Marcuse."

Era isso. Parcialmente estávamos impressionados com a grande quantidade de problemas novos que o movimento europeu estava trazendo. Mas de um modo geral a esquerda brasileira ainda era fechada àqueles problemas e àquelas manifestações.

Havia muita bandeira vermelha e preta para nosso gosto. E certas palavras de ordem — *Proibido proibir* — soavam muito anarquistas para quem estava se preparando para a luta armada e propondo um tipo de organização muito mais rígida que a do PC.

Se o Maio de 68 passou relativamente em branco, o mesmo não aconteceu com a invasão da Tchecoslováquia, em agosto. Lembro-me de que estava de férias em Ouro Preto e saí, praticamente arrumando as malas pelo caminho de volta ao Rio. Foi um baque. A direita nos cobrava uma condenação imediata. A maioria das organizações de esquerda lançou os seus panfletos contrários à presença das tropas do Pacto de Varsóvia em Praga. Mas nossa posição era tão tímida que a condenação ficava um pouco escondida. Não era assim uma posição de princípio, do gênero "ninguém deve invadir o país de ninguém". Tinha suas nuances, seu chega-pra-cá, seu espera-aí. O resultado foi que nos sentimos no dever de estimular o debate.

Ao mesmo tempo que procurávamos o debate em torno da invasão, soubemos que os intelectuais do PC a tinham condenado. Ninguém melhor do que nós, naquele momento, para servir de apoio para eles. Se buscassem os jornais de direita só iriam incentivar as críticas de que sua posição coincidia com a dos americanos, da reação internacional, enfim, as acusações de rotina.

Fizemos o debate na praia Vermelha mas foi um fracasso de público. A discussão, propriamente, andou muito bem. De um lado, estavam os intelectuais independentes que já haviam condenado a invasão através de um manifesto publicado pela imprensa. Alguns deles diziam que a União Soviética era imperialista e baseavam sua análise da invasão em alguns fatos econômicos. De outro lado, estavam os intelectuais do PC, buscando, de todas as formas possíveis, divulgar indiretamente a discordância que se instalara no interior do partido. E, finalmente, estávamos nós, mediadores de um debate onde havia uma concorrência básica: todos eram contra a invasão.

Como o público era pouco e concordávamos no essencial, começamos a complicar a coisa. A União Soviética é imperialista? Afinal, o que é o imperialismo? Não foi Lênin que o definiu?

"Lênin, levanta do teu túmulo pois eles estão ficando malucos" era a frase inscrita nas ruas de Praga que comentávamos discretamente. Discretamente, pois, no fundo, contribuímos pouco para que se compreendesse e condenasse a invasão da Tchecoslováquia. Éramos uns trinta gatos pingados, a maioria com pavor de utilizar a chamada grande imprensa. Claro que naquele mesmo momento milhares de pessoas também discutiam o assunto em outras partes do mundo, desdobrando talvez os mesmos argumentos. Mas não éramos um círculo de discussão, pretendíamos muito mais. Constantemente, no nosso discurso, apareciam coisas assim: a posição que o Brasil deve tomar, a posição dos brasileiros. O Brasil e os brasileiros, possivelmente, se interessaram muito pela invasão da Tchecoslováquia mas não por nós, concentrados ali na praia Vermelha, naquela noite de agosto.

O vazio da discussão política em torno de nós nos ajudou a afastar aqueles tanques da memória. Os ratos, como diz o poeta, começavam a roer o edifício, mas tínhamos tudo para achar que era um barulho normal de construção.

10. O RITUAL DE INICIAÇÃO

ÀS VEZES VOU ao La Coupole em Montparnasse para comer um peixe e ver as pessoas. É o bar que Lênin freqüentava para tomar seu leite com groselha. Jamais tomei leite com groselha, mas em 1968 entrei para uma organização leninista. Por vezes me divirto pensando nisso, entre uma e outra golada de vinho branco que, por sinal, me custa horas de trabalho como maquinista de metrô em Estocolmo.

Oficialmente, entrei para uma organização leninista na praça Antero de Quental numa tarde muito bonita. A organização era a Dissidência Comunista, uma cisão do PC brasileiro, surgida no meio da década de 60. O companheiro encarregado de me comunicar que eu tinha sido aceito fez uma ligeira preleção sobre minhas qualidades, meus defeitos e as novas tarefas que me esperavam. De agora em diante, como no poema de Lorca, meu nome não era mais meu nome, nem minha casa era mais minha casa. Alguns adjetivos altissonantes, menções à inevitável vitória final, ao inexorável curso da História rumo ao progresso, encerravam aquele curto ritual de iniciação. O que nos salvou do ridículo total era o fato de que, tanto ele como eu, éramos péssimos atores e deixávamos escapar mil sorrisos fora do lugar, ao longo daquela conversa solene.

Olhei em torno de mim e o mundo continuava o mesmo. Babás passeavam com crianças pela Antero de Quental, carroças de Kibon deslizavam ao longo da Delfim Moreira; os primeiros candidatos ao jantar do Antonio's cruzavam a rua, banhados pelo sol de maio. Já que a vida mudaria radicalmente em poucos dias, por que não comer a última carne assada com molho de ferrugem no Degrau?

Em 68, os bares do Leblon eram muito diferentes do La

Coupole. Aqui há mais solenidade, apesar da comida e das transas. Há o peso dos mortos e da fama. De repente, você levanta a cabeça e depara com um grupo de turistas fotografando o bar que Lênin freqüentava, com um *scholar* americano buscando a mesa onde Beckett orientava o tradutor de seu *Esperando Godot*.

No Rio, com um rápido olhar, você podia saber se os amigos haviam ou não chegado. Era possível perguntar ao garçom: "Onde estão as pessoas?". E ele entendia que as pessoas, todo mundo, era expressão que queria apenas dizer nosso limitado círculo de amigos. As pessoas estavam metidas em intermináveis assembléias que acabaram resultando na passeata dos Cem Mil.

Naqueles meses, mudou completamente a dinâmica dos nossos bares. Teríamos que pedir a um garçom que desse seu depoimento sobre a história de 68 no Rio de Janeiro. A política era o prato do dia em quase todas as mesas. Algumas conversas eram feitas em voz alta, outras em tom conspirativo, desnecessário mas cheio de charme naquela época. De vez em quando, pintavam clientes que não pertenciam ao meio. Eram os homens. De repente, os bares esvaziavam porque havia assembléia lá pelos lados de Copacabana, no Teatro da Praça. Mais tarde, surgiam todos, ainda excitados com a assembléia, trazendo para o bar restos de discussões e alguns estudantes de esquerda. Os estudantes de esquerda eram as pessoas que perguntavam os preços antes de pedir alguma coisa, que consultavam os seus trocados no bolso — eram ostensivamente pobres e econômicos. Eles faziam a sofrida classe operária, e os freqüentadores do bar, a pequena burguesia progressiva, e às vezes pintavam transas interessantes.

Mesmo a limpeza no fim da noite talvez revelasse um lixo de outra qualidade. Esboços de propostas não lidas nas assembléias, um ou outro panfleto amassado num canto. Os olhos do garçom viram toda a evolução do processo, as pessoas que, com o tempo, deixaram de freqüentar o bar, caíram na clandestinidade, os estudantes que viraram líderes e surgiam nas capas de revistas, mesmo os homens foram mudando de cara e de vida. Às vezes ficavam dias por ali, esperando alguém que não chegava. Já não eram mais aquela bandeira: mulato de terno azul-marinho e bigode. Não; desapareciam melhor no meio das pessoas. Mas ainda eram os homens. Não há garçom que se deixe enganar.

Ao entrar na clandestinidade, também mudei de bar. Comia prato-feito e tomava uma caipirinha antes do almoço. Era o que o novo orçamento permitia. A revolução exigia os excedentes que eu gastava na carne assada com molho de ferrugem. Pobre revolução. Mas eu estava de acordo, era feliz e, afinal de contas, acabei descobrindo botequins com incríveis pratos-feitos.

Começava nossa vida dupla, feita de mil segredos e cumplicidades. Quando as 100 mil pessoas desfilavam pela avenida Rio Branco, algumas gritavam: "Só o povo armado derruba a ditadura"; outras gritavam: "Só o povo organizado derruba a ditadura". A escolha entre um ou outro adjetivo era objeto de uma surda luta interna das correntes políticas que disputavam a hegemonia do movimento.

Mesmo na assembléia final dos intelectuais, feita imediatamente antes da passeata, a discussão foi um horror. Empacamos quase duas horas em torno do que, aparentemente, era um detalhe insignificante: íamos ou não revelar o itinerário da passeata? A polícia queria o itinerário e o PC batia pé na importância de revelá-lo. O PC havia sido informado de que pretendíamos encerrar a passeata diante do Monumento ao Soldado Desconhecido, no Aterro. Temiam uma provocação, que acabaria precipitando a luta interna no próprio governo, com a vitória do setor mais duro. O raciocínio era correto mas a informação era falsa. Não revelávamos o itinerário porque achávamos que nossa força era tal, naquele momento, que, mesmo sem revelar o itinerário, não teriam condições de reprimir. Ninguém propôs, entretanto, que a passeata acabasse no monumento. Os mal-entendidos se sucediam e quando eles irrompem você conhece melhor as pessoas e as posições. Há os que querem lançar lenha na fogueira e há os conciliadores.

Com isso, acabam nascendo grandes amizades entre a turma do deixa-disso, que fica ali pelo meio, buscando o mínimo de concordância para fazer tocar o barco. O PC tinha muita gente assim. Mesmo as organizações que eram mais à nossa esquerda tinham seus quadros voltados para a conciliação das diversas correntes. Até hoje, lembro-me das reuniões que eram chamadas reuniões de frente, para discutir alguns assuntos comuns. Lembro-me do Bom Secundarista, que era de uma organização bem radical mas com quem dava para discutir. Depois o encontrei, já na clandestinidade, num botequim de Copacabana. Bom Secundarista estava meio hippie, com um olho bandeiríssimo. Era ainda 69 e quem virava hippie e puxava fumo era um pouco assim como quem virava protestante de repente. Foi bom encontrá-lo. Era hippie, estava no maior barato, mas sempre aberto para o diálogo. Incrível como certos traços se mantêm:

"Se vocês puxassem um fumo, veriam que essa revolução não vai dar certo. Em todo caso, respeito o caminho que escolheram."

Sigo por Copacabana e ainda vejo o Bom Secundarista com a saudação hippie se despedindo de mim, na porta do bar. Paz e amor era precisamente o que não nos esperava, ali na virada da década de 60.

Falava da vida dupla, da cumplicidade, para mencionar outra coisa. Lembrar de Dominguinho. Ele tinha pouco menos de dezesseis anos, na passeata dos Cem Mil. E já era membro de uma organização política, sabendo de cor todas as linhas, tendo na ponta da língua a crítica adequada para quem, por exemplo, achava que a revolução não seria socialista, num primeiro momento.

Dominguinho estava eufórico no dia dos Cem Mil. Subia em todos os postes, em todos os caixotes e conseguiu também subir em algumas bancas de jornal que estavam fechadas naquele dia. Fazia discursos inflamados, prometia apocalipses, um, dois, três, muitos Vietnãs. E piscava o olho para mim, ao cabo de cada uma daquelas revoluções sangrentas que ele descrevia.

Creio que as pessoas se perguntavam, com razão, que país era aquele. Um garoto de pouco mais de quinze anos e já tão radicalizado...

Éramos do mesmo grupo de trabalho. Dominguinho secundarista, eu intelectual. Assim nos classificavam e estava tudo bem. Preparávamos a luta armada e víamos as demonstrações como algo ainda secundário diante do que iria acontecer. Dominguinho conheceu alguém que lhe ensinou a fazer bomba incendiária. Ele andava com ácido numa sacola de plástico e, volta e meia, o ácido comia o plástico e fazia imensos buracos no chão. Passei por vários *aparelhos* esburacados inexplicavelmente e compreendia logo que Dominguinho tinha estado ali. Um dia, conseguimos uma belíssima casa para nos reunirmos em Santa Teresa. Dominguinho chegou com sua sacola de plástico, com os caderninhos de exercício de fazer bomba e, claro, o ácido entornou, comendo a entrada da porta principal da casa. Uma bandeira que não poderíamos esconder dos donos.

Fiquei furioso e, durante muitos dias, conversei com ele apenas o essencial. Passei a chamá-lo de doutor Silvana Júnior e ele não entendeu. Foi aí que comecei a emprestar alguns gibis a Dominguinho. Na sacolinha de plástico onde levava seus ácidos, agora não tinha apenas o livro do Debray ou do Caio Prado Júnior. Dentro da sacolinha, havia sempre um gibi escondido, que era para ele ler entre um ponto e outro. Dominguinho começara também a namorar, estivemos à beira de perdê-lo para a luta clandestina. Se ele, de repente, entrasse num jeans mais apertado, fosse ao Bob's com sua garota, curtisse uma praia, talvez desaparecesse o revolucionário de tempo integral. Mas sua extraordinária inteligência e sensibilidade floresceriam muito mais harmonicamente. Quem sabe?

À medida que nos aproximávamos do *Jornal do Brasil*, os discursos de Dominguinho me pareciam cada vez mais inflamados. Para mim, era sempre uma sensação estranha fazer passeata diante do JB. O cortejo se detinha ali, alguém fazia um discurso contra a imprensa burguesa em geral, e as pessoas vaiavam aquele prédio cinzento, os redatores e contínuos que olhavam as coisas acontecendo da sacada da redação. Era uma sensação estranha porque parecia que eu estava vaiando a mim próprio.

Daquela sacada, vi muitas coisas acontecendo. A missa de sétimo dia pela morte do Edson Luís. Os cavalos tomando a avenida Rio Branco deserta e as pessoas coladas na parede, paralisadas de terror. Os cavalos avançando ao longo da avenida e os homens se curvando de vez em quando para espancar alguém.

Na sexta-feira sangrenta, barricadas de estudantes e contínuos dos escritórios montadas para conter a polícia. Choques entre a polícia e alguns contínuos. Cai o capacete de um policial e eles se recolhem para a porta do JB. Da sacada, vejo o triunfo dos garotos correndo pela avenida, improvisando um futebol com o capacete tomado de um PM. Zunzunzum entre os PMs e os primeiros tiros. Caem alguns garotos. A gente pensando que é fingimento, que continuam gozando dos PMs. Alguns se levantam mas dois corpos permanecem ali um pouco mais do que deveriam estar. Os policiais se aproximam e eles não fogem. Eles têm que fugir, pois caso contrário não terão mais tempo. Os policiais estão a cinco metros de distância e eles não se movem. Os policiais chegam diante deles. Eles não se movem. Os policiais movem os corpos.

Quantas vezes tive vontade de saltar da sacada para ajudar alguém. Quantas vezes tive vontade de subir para a sacada, para estar ao lado dos redatores amigos e comentar com eles o curso da demonstração. Na passeata dos 25 mil, subo para a redação durante um momento. Vejo o discurso de sempre, as vaias de sempre. Uma secundarista com seu spray aproxima-se da porta central. Ela usa jeans e camiseta branca. Vejo-a como uma criança jogando aqueles jogos de amarelinha, em que a gente pula com um pé só. Ela começa a desenhar e do alto vou lendo:

CONDESSA... HA! HA! HA!

Se a gente contasse a história de 68 com os olhos de um contínuo que sempre esteve ali, na sacada do JB, tudo isso estaria gravado. E mais: um caminhão de PMs desfilando pela avenida, todos em posição normal, nos seus bancos; um deles está caído; ao lado do corpo, uma velha máquina de escrever Remington, atirada do alto de um dos prédios.

11. SER MÃE

MELHOR CORTAR O GARÇOM vendo o processo de 68 dentro de um bar, o contínuo do JB olhando as coisas acontecerem na avenida Rio Branco. Depois da passeata dos Cem Mil, fizemos uma de 25 mil pessoas e começamos, na realidade, um longo processo de decadência. Maré baixa: pouca gente, muita polícia. Como as estrelas que sentem seu declínio na metrópole e iniciam uma viagem pelo interior, partimos para o subúrbio.

Melhor do que o garçom ou o contínuo é acompanhar agora a trajetória da comissão popular que escolhemos na passeata dos Cem Mil. A comissão contava com um professor, um intelectual, dois estudantes e a mãe. O nome da mãe era Irene. No auge da importância do movimento, a comissão foi recebida pelo presidente Costa e Silva. Levava as reivindicações da passeata. O encontro começou e terminou mal. Não queriam deixar que os estudantes entrassem no Palácio do Planalto sem gravata. Não importavam as posições da comissão, não importava sequer o que iriam dizer. Era importante usar gravata. Típico.

A comissão popular nos acompanhou fielmente ao longo de grande parte da nossa decadência como movimento da massa. Deixaram confetes nas nossas cabeças mas choviam bombas de gás. As passeatas não eram mais abertas, convocadas pela imprensa. Tínhamos que anunciar um lugar falso e irromper em outro, completamente diferente.

Várias vezes vi a mãe olhando aparentemente distraída uma vitrine, momentos antes do grito de reunião. Quando eu não tinha certeza do lugar exato da passeata, a presença da mãe ali, andando de um lado para outro, como se fosse qualquer mãe, em qualquer rua do Rio de Janeiro, dissipava todas as dúvidas.

Uma coisa era ser mãe no primeiro semestre. Outra coisa era ser mãe no segundo semestre. Uma coisa é fazer um discurso sabendo que a polícia não vem, usando todo o espaço possível, olhando só para a platéia. Outra coisa é aparecer, de repente, no Méier, em cima de um caixote. Os seios da mãe se moviam diferente. Creio que os ditongos finais eram quase inaudíveis. Não se olhava apenas para a platéia mas se olhava também, e como, para as esquinas, por onde os homens deveriam aparecer. E sempre apareciam.

Uma coisa é terminar uma passeata pacificamente: beijos e abraços, grupos de amigos que voltam juntos para casa, enrolando faixas e bandeiras, comentando trechos do discurso recém-ouvido. Outra coisa é terminar a passeata com a polícia em cima, ter de correr depois de uma certa idade e com um salto de meia altura. E depois de uma certa idade, há também um certo pudor em sair correndo como qualquer garoto. É preciso tensionar o corpo de tal forma que se corra parecendo que se está apenas andando um pouco mais depressa. Enfim: com toda a dignidade.

Uma coisa é entrar num botequim para tomar um sorvete. Outra coisa é entrar correndo numa loja e ver pela vitrine que um dos PMs está olhando para dentro, sentir que ele apontou o cassetete em nossa direção e disse algo para o parceiro que, sem nenhuma paranóia, não pode ter sido outra coisa:

"É a mãe."

"Minha senhora, será que não há uma saída pelos fundos nessa loja? Há muita confusão aí fora e eu não queria me meter, sabe?"

Querida mãe: não era preciso ser muito sensível para perceber que os homens prosperavam. Os uniformes estavam mais bem cortados, o armamento mais novo. Já não chegavam em caminhões, precipitadamente. Patrulhavam as ruas em grupos táticos, todos com um walkie-talkie, que não é tão divertido quanto um rádio de pilha aos domingos, mas aumentava bastante a eficácia do trabalho no centro da cidade.

Querida mãe: depois que você e os outros da comissão popular nos abandonaram (ou foram abandonados por nós?) as coisas foram ficando cada vez piores. Não percebíamos. Achávamos que tudo era tão natural. Os homens prosperavam porque assim pedia a guerra; as pessoas sumiam porque estava havendo uma depuração.

Propaganda da violência passou a ser a palavra de ordem mágica. E marcava de agora em diante nossas passeatas, curtas, tristes e, às vezes, sangrentas.

Lembro-me de duas passeatas onde a violência dominou. Uma delas foi durante a visita do general Westmoreland, comandante das forças americanas no Vietnã. Éramos uns quinhentos e partimos das proximidades da rua do Ouvidor, pela avenida Rio Branco. Já havíamos cruzado a Presidente Vargas, rumo à praça Mauá, quando surgiu um carro da polícia e penetrou na manifestação. Eles não sabiam que se tratava de uma demonstração política e estavam sós. Imediatamente, o carro foi cercado pelos manifestantes e os policiais, com toda a razão, fugiram aterrorizados. Com a intuição bem própria do ofício, perceberam que era algo contra eles também. As pessoas nos olhavam um pouco perplexas, das calçadas da avenida e de algumas janelas de escritório. Brito fazia os discursos, denunciando o general "Vestemorelano", que ninguém conhecia. Alguém subiu no carro da polícia e falou sobre a violência. A polícia era um símbolo da violência dos patrões. Nós iríamos queimar o carro da polícia, aplicando a violência dos trabalhadores. Tudo muito simples, se tivéssemos fósforo. A gasolina já estava escorrendo pelo chão e não havia fósforo. Só depois de alguns minutos, quando já havíamos deixado o lugar, é que o carro começou a pegar fogo. Alguém que possivelmente não era patrão nem trabalhador aproveitou a oportunidade para queimar um carro da polícia, praticamente entregue de bandeja.

A outra vez, foi durante a visita de Rockefeller. Uma visita dessas, anunciada com antecedência, dá um imenso trabalho, intermináveis reuniões, tanto para os homens como para nós. Morava ainda no Leblon, no fim do Leblon, e a visita de Rockefeller ocupou todos os meus dias, algumas vezes penetrou nas minhas noites e assustou meu despertar. Isso porque na minha casa, na época, vivia uma garota que estava sendo procurada pela polícia. Ela saía pouco mas queria contribuir com as manifestações que estávamos programando. Passava os dias costurando imensos bonecos de Tio Sam que seriam queimados nas ruas. O primeiro deles, ela começou a fazer de noite, depois que eu fui dormir. Pela manhã, quando acordei, dormia ao meu lado um imenso boneco. Ela não queria deixar na sala, porque a sala não tinha cortina e os vizinhos podiam vê-lo. Fiquei assustadíssimo, apesar de na minha vida, com tantos anos de experiência, já ter acordado ao lado das pessoas mais surpreendentes.

Para tudo havia um comando naquela época. O comando encarregado da recepção a Rockefeller já refletia os novos tempos. Intelectuais, universitários e secundaristas. Os intelectuais praticamente desapareceram das passeatas, os secundaristas estavam desmobilizados e os universitários se dedicavam a mil tarefas fora do seu próprio movimento. Mas um comando, nessas circunstâncias, costuma sentar à mesa cheio de esperanças e inflacionar suas forças.

A sensação que tínhamos era a de que os secundaristas prometiam coisas demais. As principais manifestações seriam feitas na zona Sul, tendo como alvo a Sears, em Botafogo, e o Banco Lar Brasileiro, em Copacabana. Acreditávamos que atingindo aqueles alvos todos compreenderiam que se tratava de algo político e contra Rockefeller. Os secundaristas prometeram conter a polícia em Botafogo, enquanto realizássemos a ação na Sears. Tinham um plano mirabolante. Iam queimar centenas de pneus e construir uma muralha de fogo, detendo os carros e, conseqüentemente, engarrafando a polícia.

Os planos de uma demonstração costumam ter muitos detalhes. E são tantos os que não funcionam. Sempre penso nisso quando estou correndo. Fizemos o que estava ao nosso alcance ali na Sears. Um discurso rápido, explicando o porquê daquilo tudo, discurso que quase ninguém ouviu direito, e algumas pedradas nos vidros. Aliás, um dos vidros acabou sendo quebrado por acidente. Vi um casal de garotos se aproximando com o spray. Iam apenas desenhar alguma coisa, escrever uma palavra de ordem e fugir, pois a polícia já se aproximava. Acontece que o spray não funcionou e eles, furiosos, jogaram o spray contra a vitrine. Muitos tinham coquetel Molotov nas mãos, mas todos se vigiavam para que não fossem usados à toa. Um incêndio ali poderia matar gente, causar pânico. Grande parte das pessoas nem sequer sabia quem era Rockefeller. Nesse sentido foi tudo bem: como sempre, conseguimos fazer mal apenas a nós mesmos.

Cada vez mais, a polícia aparecia violentamente. Sabiam que estávamos nos isolando, que éramos grupos militarmente mais bem preparados. E já chegavam, em muitos casos, atirando. Os grupos que cuidaram do Lar Brasileiro tiveram ainda maiores dificuldades. Quase ninguém entendia o porquê daquilo tudo. Encontrei alguns deles no Posto Seis, quando saí da Sears, Dominguinho de pedra na mão, esperando que os homens chegassem de qualquer canto. Dominguinho atravessando Copacabana com as mãos cheias de pedras.

Felizmente nos desfizemos das sacolas com os coquetéis Molotov, os meninos guardaram suas pedras e conseguimos tomar tranqüilamente um café no bar que se chamava Bico e ficava defronte a um distrito policial. Alguém me disse, muito discretamente, no canto do balcão:

"Foi uma lição para Rockefeller. Dois vidros quebrados na Sears e um no Lar Brasileiro."

Há dez anos, tomando um café no balcão do Bico, a frase me pareceu natural. Devo e não nego. Respondi:

"É isso. É preciso que ele saiba que não vai visitar impunemente um país que ele explora. O povo não aceita."

Eu, o interlocutor e Dominguinho começamos a subir a rua, rumo a Ipanema. O povo estava cansado e era quase meia-noite.

12. RETRATO DE FAMÍLIA, COM OS HOMENS

"Ibiúna caiu."

Foi num sábado à tarde que alguém entrou pelo departamento de pesquisas trazendo essa notícia. Corremos imediatamente ao telex: nenhuma confirmação. Era, entretanto, muita fumaça para não haver fogo. Se já diziam Ibiúna caiu, isso significava muito. O lugar do congresso da UNE deveria ser desconhecido de todos, inclusive dos participantes.

Em apenas alguns minutos, chegava a notícia definitiva de São Paulo. Ibiúna caíra e dentro do congresso estava reunida a maioria dos líderes estudantis brasileiros. Fora eleita uma nova diretoria mas também estava na cadeia. Os jornais preparavam algumas edições extras, *Veja* ia lançar um artigo de capa sobre a queda do congresso.

E agora? Eram poucos os que ainda estavam soltos. Como reuni-los, acionar advogados, limpar casas e avisar famílias, tudo num sábado à tarde? E sem dar bandeira. Éramos alguns jornalistas de esquerda no departamento de pesquisas. Nas nossas costas não cairia nenhuma responsabilidade extraordinária, mas como a notícia nos tinha chegado, era preciso tomar providências com cautela. O jornal tinha de tudo — quase todas as organizações políticas e quase todos os órgãos de segurança estavam ali representados. Naquele sábado à tarde, era preciso avisar a todos da queda do congresso, amargar a derrota que representava aquela notícia e sorrir para o repórter que trabalhava para o Cenimar, como se nada tivesse acontecido. Talvez nem tanto para contra-informar. Só para não dar o prazer.

A polícia em São Paulo estava se preparando para montar um show. Uma exposição com as armas apreendidas e, naturalmente, anticoncepcionais, que eram os artigos mais procurados por eles. A idéia geral era a de atemorizar os pais e de estabelecer uma relação direta entre sexo e oposição. Algo assim como: olhem, se sua filha começa a se interessar pela política, dentro de alguns dias estará tomando pílulas anticoncepcionais e participando de congressos que, no fundo, não passam de uma promiscuidade.

Por volta de 60, esse era o número preferido da polícia. Sexo sem fins de procriar, subversão da ordem — enfim, prazer e revolução — eram um só bloco na cabeça deles. E talvez nem fosse na nossa.

Sempre que tinham chance, convocavam a imprensa para o espetáculo. Dispunham nas mesinhas velhos revólveres Taurus, garrafas de coquetel Molotov, pílulas anticoncepcionais e, algumas vezes, até drogas, para as quais usavam um nome que é um barato: estupefacientes.

Com as poucas forças que nos restavam no Rio, fomos ao contra-ataque como um time batido, buscando o gol de honra no último minuto. Planejamos uma demonstração no próprio prédio da UNE, na praia do Flamengo, 132. O prédio estava fechado havia muito tempo mas resolvemos tomá-lo. Carlos Alberto Muniz era o presidente da União Metropolitana dos Estudantes, a entidade carioca, e convocou os diretórios, por canais semiclandestinos. Em 72 horas, já estava ele na sacada da praia do Flamengo fazendo um discurso para a multidão de mais ou menos quinhentas pessoas, e, naturalmente, para o trânsito engarrafado. Dessa vez, os secundaristas conseguiram, de fato, bloquear tudo. Enquanto Muniz discursava, as pessoas gritavam, lá embaixo: "A UNE continua, a UNE somos nós".

Nós quem? Estávamos a caminho do AI-5, de um fechamento completo no quadro político, tínhamos de organizar as camadas médias, os operários e, ainda por cima, nos implantarmos no campo — onde seriam feitas as guerrilhas. Sem contar as ações na cidade, para recolher dinheiro e armas. O interessante é que ali, naquela terça-feira à tarde, na praia do Flamengo, com grande parte da esquerda na cadeia, as coisas não nos pareciam de todo impossíveis. Pelo contrário.

As primeiras ações armadas já haviam estourado, aqui e ali. Assaltos a carros pagadores, metralhadoras capturadas a sentinelas distraídos. A atenção se deslocava para esse tipo de tarefa. Nossas manifestações, por mais perigosas que fossem, não rivalizavam nem de longe aqueles feitos. Cada vez que saía nos jornais uma notícia de assalto, olhávamo-nos significativamente. De uma maneira tal que os iniciados se comunicassem entre si e que os não informados não percebessem nada.

O sonho de muitos de nós era o de passar logo para um grupo armado. Em nossa mitologia particular, conferíamos aos que faziam esse trabalho todas as qualidades do mundo. Sair do movimento de massas para um grupo armado era como sair da província para a metrópole, ascender de um time da terceira divisão para o campeonato nacional. Dizíamos, é claro, que todo o trabalho, mesmo o mais humilde, era importante. Mas isso não bastava. Os jornais estimulavam nossas fantasias. Eram descrições mirabolantes: jovens com nervos de aço (ainda saíamos nas páginas de polícia); louras que tiravam uma metralhadora de suas capas coloridas.

Claro, você ri. Estamos quase em 1980 e tanto os nervos de aço como as louras de página policial já não fazem nenhum sucesso. Mas a fantasia trilha caminhos que não se controlam, ali onde eu caí qualquer um caía. Imagine, dez anos atrás, você fazendo um assalto com nervos de aço, dormindo com a loura que interceptou o carro da radiopatrulha com uma rajada de metralhadora, depositando o seu revólver Taurus na mesinha-de-cabeceira e dizendo:

"Dorme em paz, meu bem, que dentro em breve o Brasil será socialista."

A condenação dos homens, justiça militar, isso não é nada. Pior é a memória de quem lembra. Começamos um intenso processo de treinamento militar. Com o AI-5 fomos jogados mais ainda na clandestinidade. Saíamos nos fins de semana para uma praia deserta, como quem fosse fazer um piquenique. Dentro de nossas cestas, os revólveres e as balas; dentro das garrafas, a gasolina. Montávamos um tiro ao alvo na areia, de frente para o mar. Eram uns velhos revólveres 22 e o alvo estava sempre perto, o alvo estava sempre imóvel. Voltávamos com a maior confiança do mundo em nossas capacidades militares. E o que sabíamos? Atirar regularmente com um revólver 22, preparar um ou outro coquetel Molotov, que explodíamos nas pedras. O feijão-com-arroz.

Quem aprendesse aquilo tudo passava a ser instrutor. Às vezes, eu funcionava também como instrutor e olhava o mar um pouco perplexo. O mar onde afundava meu corpo nos fins de semana, aquela sensação líquida e azul de mãe, era agora uma vítima de nossa falta de pontaria. Não mais o corpo, mas as balas. O vendedor de limãozinho chamava-se Galvão e eu estava devendo a ele. Imaginava-o afundando nas areias de Ipanema, vendendo apressado sua última carga, prestando contas na Visconde de Pirajá e rumando para o hipódromo da Gávea, onde ainda pegaria o quinto páreo, a virada do programa. E nós rearrumando nossas cestas de piquenique, nossos Taurus e Caramurus, o petróleo nosso nas garrafas de Molotov.

Algumas vezes, encontrava gente que andava pelas barras-pesadas, assaltos e finanças. Um deles me contava coisas, aventuras, sempre pedindo segredo, sempre sonegando detalhes diante de meus olhos curiosos. Eu era como o menino que recebe o irmão mais velho quando volta de seu primeiro encontro amoroso.

Ele participara de um assalto a um supermercado. Ajudou a tomar a entrada e ficou de metralhadora na porta. Disse que as pessoas passavam assustadas. Ninguém, exceto um casal de velhos, se aproximou. A velha parou diante da metralhadora, puxando um pouco o braço do velho, este mais cauteloso. O velho chegou a dizer: vamos embora, deixa pra lá. A velha se aproximava cada vez mais. O amigo fez uma cara feia e não atemorizou ninguém. Quando estavam bem próximos, e praticamente tinham tomado todo o seu campo de visão, a velha perguntou:

“Moço, isso é um assalto, não?”

O amigo ficou tão surpreendido com a pergunta direta que respondeu diretamente:

"É, isto é um assalto." A velhinha fez meia-volta, sempre puxando o velho pelo braço, e disse em voz alta:

"Não falei, Décio, não falei? Falo as coisas, você não acredita."

O amigo começou a rir, no meio da rua, com sua metralhadora na mão. Mas alertava que nem sempre aconteciam episódios assim. A cara das pessoas, normalmente, era de pânico. Com toda razão. Quem pretende morrer pela féria diária de um supermercado, pelos depósitos que estão no seguro? Naquele período, a técnica consistia em mandar todos para o banheiro. Quando surgiram as primeiras reportagens sobre o assunto, tudo ficou mais simplificado ainda. As pessoas já iam se dirigindo para o banheiro sem serem mandadas.

A iniciação era um processo um pouco longo. Começava-se roubando uma placa de carro, fazendo uma pichação nos muros, com armas na mão, e chegava-se inclusive a assaltar guardas-noturnos, para tomar o seu revólver. Eram os primeiros testes. Isso não significava absolutamente que o primeiro assalto a banco fosse um piquenique.

"O que é que você sente quando vai para um assalto?", perguntava eu.

"Não sei."

"Como não sei?"

"Não sei, poxa, não sei."

"Nenhum medo?"

"Um pouco. Tudo é discutido antes. Quem entra no banco, quem fica de fora, quem dá o grito. Tudo é discutido. Até o medo."

"E acaba o medo com a discussão?"

"Acaba na cabeça. Passa pro estômago. No meu caso, perco um pouco da saliva. A cabeça diz: tudo bem. O estômago e a boca seca dizem: tudo mal, por que é que isso não acaba logo?"

"Simples assim?"

"Pelo menos pra mim. Às vezes, o medo sobe à cabeça. Mas não é a mesma coisa do estômago. O medo te diz: aquele cara parado ali é da polícia. É melhor adiar esta ação. Tudo claro: você não está com medo. É apenas uma medida de segurança. Não há um grupo que não tenha adiado várias vezes sua primeira ação."

O amigo fala com segurança. Estômago e boca vão muito bem. Nosso programa é uma peça de teatro. Mais tarde, ele seria preso. De novo, pois em Ibiúna também caiu e, na época, era um simples estudante. Lembro-me de que o carcereiro abriu a porta do X2 na Operação Bandeirantes e me chamou para subir. Reclamei:

"Poxa, já depus, não tenho nada a dizer."

O carcereiro, creio que era o marechal, disse apenas:

"Parece que é só papo. Sem porrada."

Subi as escadas com o coração na mão. Na PE, descíamos as escadas com o coração na mão. Era de noitinha e a equipe mais dura estava de plantão — a equipe de Albernaz. Deram-me um álbum de fotos com todas as pessoas caídas em Ibiúna. Perguntaram se conhecia alguém e fiquei horas olhando o álbum. Era uma chance de matar as saudades. Como estava magra a Soninha, que cara de cansados tinham todos. O escrivão se impacientou:

"Ô rapaz, conhece ou não conhece? Se não conhece é melhor voltar pra cela e parar de empatar nosso tempo."

Pensar que o álbum ainda existe. O amigo estava ali. Provavelmente com a boca seca e certamente com os olhos espantadíssimos. Nunca mais o vi.

13. AS HISTÓRIAS DA O.

O AI-5, decretado em 13 de dezembro de 68, foi um golpe dentro do golpe, um golpe de misericórdia na caricatura de democracia. Caímos, aí sim, na clandestinidade. Muitos pensam que cair na clandestinidade é vestir uma capa cinza, usar óculos escuros, ou então sair de casa apenas no princípio da noite, quando o sol já desapareceu. Conosco não foi bem assim. A censura à imprensa era total e isso nos colocou, imediatamente, a necessidade de intensificarmos o trabalho em nosso jornal *Resistência*. Entre 15 de dezembro e a passagem do ano, não fazíamos outra coisa a não ser escrever rapidamente as notícias, rodar o mimeógrafo e distribuir o jornal entre todos os setores interessados. A modesta estrutura que tínhamos montado para fazer funcionar o *Resistência* acabou servindo a todos os que estavam sedentos de notícias censuradas e as queriam divulgar com rapidez.

Nossa redação e oficina, se podemos chamá-las assim, estavam montadas no apartamento de Lúcio, na Paula Freitas, 19. Um prédio imenso, com apartamentos de quarto-e-sala. No quarto escrevíamos, na sala rodávamos o mimeógrafo. Era um apartamento sui generis, pois as pessoas faziam amor na sala e tomavam café no quarto. Lúcio não tinha dinheiro para comprar cortinas e o quarto era devassável.

Logo após a decretação do AI-5, recebemos a visita do deputado Maurílio Ferreira, de Pernambuco. Ele havia denunciado o Parasar na Câmara e temia que acontecesse com ele uma das barbaridades que denunciara: ser preso, colocado num avião e lançado ao mar — Operação Duzentas Milhas. Quando bateu na porta, perguntamos quem era. Ele gritou: Maurílio. Conferimos pelo olho mágico e também por uma fresta na janela que dava para o corredor. Ele estava só e o fizemos entrar.

Maurílio vinha, exatamente, pedir para dormir no apartamento, mas, quando viu os mimeógrafos ainda sujos de tinta, deu meia-volta e disse:

"Não é nada não. Andava em busca de um lugar seguro para dormir algumas noites, mas parece que vocês em breve vão precisar de um também."

Entre o 15 de dezembro e a passagem do ano, cuidamos praticamente do *Resistência*. Fazíamos tudo, inclusive a distribuição no velho Volkswagen que eu tinha. Era usado também pela organização para algumas panfletagens e para aulas de motorista. Estava todo batido mas ainda andava.

A organização para nós era apenas a O. Tínhamos um contato por semana com a O. Vinha alguém que estava no movimento operário, alguém que já tinha se implantado. Usava umas calças largas, uma camisa branca e um bigode fino — exatamente como as pessoas da classe média acham que um operário deve parecer: pobre, mas limpinho. A O. nos estimulava a prosseguir com o *Resistência*, que poderia se transformar num jornal nacional, de frente com as outras Os.

Na missa de Natal de 68, planejamos uma grande panfletagem do *Resistência*. Era um número especial sobre o AI-5, com um editorial explicando sumariamente suas causas. Juntei-me com um grupo de secundaristas e fomos para as portas das igrejas. Grande parte das pessoas não conhecia o jornal e o jogava fora, mal tomando conhecimento do que se tratava. Foi um Natal de cão, em 1968. Havia muita gente presa, um corre-corre geral e os indícios de resistência eram quase nulos. Haviam dado um golpe num momento exato, quando o nível de mobilização era o mais baixo possível. E haviam dado o golpe no fim de ano, aproveitando a confusão das festas, compras de Natal e férias. Aliás era uma técnica que usavam muito: a de procurar golpear numa sexta-feira, aproveitando o sábado e domingo.

O povo mesmo não parecia ter sido tocado pelo AI-5. A vida corria seu curso normal. Olhávamos a vida da janela de meu Volkswagen, entre uma e outra distribuição do *Resistência*.

Copacabana engarrafada com as compras, centenas de pessoas desfilando pelas calçadas. Algumas até que bonitas; algumas até que olhando para o interior daquele carro em pedaços. Pareciam dois enredos paralelos. Nós ali, engarrafados com uma partida de um jornal clandestino, gente fugindo de casa, limpando suas estantes de livros suspeitos; e, nas ruas, as compras, a permanente trama sentimental, presentinhos daqui, presentinhos de lá, onde é que vou comprar o pernil, cuidado com os pivetes, procura fechar a bolsa.

As duas vidas, é claro, fluíam muito devagar, pois o trânsito era difícil para todos e fazia um calor abafado, também para todos.

"E se convido aquela mulher para dar uma volta conosco?"

"Que é isso, companheiro? Não vê que estamos com uma carga pesada?"

"Mas ela não parece da polícia. Olha, parou diante da vitrine e está rindo pelo espelho. Então fica um pouco no volante, que eu desço."

"Que é isso, companheiro? Além do mais o sinal abriu. Toca pra frente."

O encontro daqueles mundos paralelos só se daria depois, de acordo com nossas esperanças. A guerrilha urbana conquistaria armas e dinheiro para a montagem da guerrilha rural. A guerrilha rural despertaria os camponeses, que despertariam os operários, que despertariam o povo em geral. Distribuíamos o *Resistência* mas achávamos que não era a tarefa principal. Quando começasse 69, iriam ver a extensão e a profundidade do que montávamos. A revolução não seria mais de palavras, nem de conchavos políticos. Marighela dizia que a ação une, que somente a ação armada iria aglutinar toda a insatisfação popular contra a ditadura. E esta viveria uma crise permanente, fruto da crise também permanente do capitalismo brasileiro.

Portanto, era tocar o velho VW pra frente e esperar dias melhores em janeiro. Tínhamos ficado um pouco pra trás, ali pelas camadas médias, onde mais nada se passava. Muito em breve, entretanto, iam compreender nosso valor e nos chamar para os grupos armados. Por enquanto, sobravam para nós coisas sem nenhuma importância. Roubar uma plaquinha aqui, dar uma ou outra informação ali.

Na medida, entretanto, em que as ações armadas se intensificaram, nossa vida foi também mudando radicalmente. De vez em quando, sumia um de nós. De vez em quando, chamavam-me para tarefas especiais. A mais difícil delas foi a de tentar arrumar lugar para esconder dólares. De repente, ali em 69, houve uma inflação de dólares. Cerca de 2 milhões de dólares foram roubados ao cofre de Ademar de Barros, em Santa Teresa. Os dólares estavam no ar e ninguém queria tocar neles. Recusei-me a cuidar disso, pois a operação tinha sido evidente demais.

Ainda assim, a primeira ação importante da O. trouxe consigo vários dólares. Foi na casa de um deputado em Copacabana. Soube-se que ele tinha muitos dólares guardados. O deputado era um deputado da oposição, possivelmente liberal. Naquela época eram elementos pouco considerados por nós. Márcia, uma de nossas militantes, procurou-o para fazer uma reportagem. Ele tinha uma casa maravilhosa e ela queria fazer uma série sobre os interiores brasileiros. O deputado aceitou e a operação foi cuidadosamente preparada.

Junto com Márcia subiram um fotógrafo e um crítico de arte. Foi muito difícil compor a figura do crítico de arte sem um lenço no pescoço. Alguém um dia vai dar o crédito necessário aos figurinistas das chanchadas da Atlântida. Nem os figurinistas da Atlântida, nem os grupos de esquerda talvez tivessem jamais encontrado uma pessoa rica ou sofisticada. Entregues à imaginação, entretanto, acabam compondo um tipo bastante semelhante: *foulard*, *robe de chambre*, cachimbo na boca. Por quê?

Márcia entrevistou o deputado sobre sua casa, suas conquistas financeiras, enquanto o crítico examinava os quadros e o fotógrafo depositava suas sacolas. Márcia pediu um retrato de toda a família e o deputado reuniu toda a família, diante do quadro. O fotógrafo abriu a sacola mais pesada, tirou uma metralhadora, apontou para a família e disse:

"Isto é um assalto."

Se a máquina fotográfica estivesse em pose, sem registrar nenhuma velocidade, ainda assim a foto não sairia tremida: a família estava rigidamente imóvel e em pânico. Nesse instante, acontece um imprevisto, dessa vez para os assaltantes. As duas crianças da casa entram na sala, pois não queriam participar da foto quando foram chamadas. Quando sentem que havia algo estranho no ar, param diante da metralhadora de boca aberta e, imediatamente, Márcia resolve o problema:

"Estamos brincando de mocinho e bandido. Se vocês querem entrar, escolham um lado."

As crianças olham para os pais, olham para a metralhadora e dizem:

"Vamos brincar do lado do papai e da mamãe."

Suavemente caminham para embaixo do quadro onde estava a família, encostam-se nos pais, todos se apertam um pouco para que fiquem o mais junto possível, e levantam as mãos.

Era de noite em Copacabana. Fotógrafo, Márcia e o crítico de arte saíram tranqüilos com cerca de 20 mil dólares nas mãos. De um ponto de vista puramente técnico, as coisas caminhavam bem. O dinheiro serviria para as armas e para a montagem do foco guerrilheiro. Além disso, parte seria utilizada mensalmente na manutenção da O. A O. era uma família pesada, em termos de orçamento. Não que nos atingisse tanto a inflação.

Nossa inflação eram os problemas de segurança. Volta e meia era preciso abandonar um *aparelho* (nome que dávamos às casas usadas para atividades políticas) deixando para trás mimeógrafo, máquina de escrever, móveis velhos e também uma parte do depósito, pago adiantadamente. Para alugar uma casa com rapidez, era preciso ter dinheiro. Se chegássemos com o suficiente para pagarmos três meses de aluguel, por exemplo, as coisas iam muito mais depressa. Cada um dos deslocamentos forçados custava os olhos da cara, se comparássemos com os magros salários que os militantes usavam para viver: todos estavam nos limites do salário mínimo. Grande parte do dinheiro para manter a O., portanto, destinava-se ao pagamento das casas e à reposição da fachada. Cada casa tinha de ter uma fachada.

Era irracional alugar uma casa de três quartos sem ter um único móvel no seu interior.

Ainda não tinha acontecido nada de especial. Grande parte dos deslocamentos era apenas preventiva. Estávamos, entretanto, impressionados com a experiência do MR-8 do estado do Rio. Eles caíram no Paraná e, de repente, toda a organização desapareceu. O MR-8 tinha se proposto a organizar a guerrilha rural. Para aquele grupo, também saído do Partido Comunista, todas as outras tarefas eram secundárias. Nossa análise daquelas quedas foi muito insuficiente. Foi uma análise produzida para nos tranqüilizar. Falávamos do isolamento social do MR-8 como a causa principal de sua queda. Eles não desenvolviam trabalho de massas, contavam apenas com uma estrutura profissional. E uma estrutura profissional, por mais bem montada que seja, não pode resistir a um baque repressivo. O MR-8 praticamente acabara, não porque a política fosse realmente eficaz, mas sim porque ruiu ao peso de seus próprios erros. Erros heróicos, mas erros. De agora em diante nos chamaríamos MR-8. O MR-8 éramos nós. Nada acabava. Íamos encarnando tudo e, nesse processo, negando a decadência que nos destruía gradualmente. A UNE éramos nós — os que ficaram de fora nas quedas de Ibiúna. O MR-8 agora éramos nós, a organização que conseguira ficar de fora daquele novo desastre.

O PC nos chamava — quando estavam de bom humor — de patriotas equivocados. Chamávamos o MR-8 de heróis equivocados e íamos tocando o barco. O inferno se pavimentava cada vez mais solidamente de boas intenções. *O Globo* nos considerava uma minoria extremada, mas na cabeça da minoria extremada as coisas ainda iam muito bem: 69 seguia seu curso, a guerrilha rural ainda não havia começado. Como diz o Luís Cavalo, um amigo nosso, que sabe melhor do que ninguém analisar uma corrida ainda na virada da curva: de trás não vinha ninguém. Novos militantes eram difíceis, naqueles tempos sem luta de massas.

14. VISITA, SÓ AOS DOMINGOS

MÁRCIA ERA A LOURA DOS ASSALTOS. Mais tarde, conheci outra loura dos assaltos, muitas louras dos assaltos. Cheguei mesmo a ter a impressão de que todas eram a loura dos assaltos! Coloquemos assim: Márcia era a loura dos assaltos à disposição de minha fantasia. Não a conhecia diretamente. Quando entrava em minha casa, seu amigo me pedia que virasse as costas e eu o fazia com exatidão: o suficiente para capturar sua silhueta em movimento e o suficiente para não reconhecê-la jamais.

Márcia não usava sutiã na vida real, mas tinha de usá-lo no bairro onde vivia agora, para não chamar a atenção dos vizinhos. Sempre que vinha passar o fim de semana na minha casa, esquecia um sutiã. Segui seus passos através dos sutiãs esquecidos. A clandestinidade talvez aumentasse sua solidão, sua necessidade de comer doce. O fato é que ela engordava e os sutiãs acumulados no canto do armário eram uma prova disso. Ou então foram muitas que entraram ali. Não sei.

> Segunda-feira — Companheira
>
> Você esqueceu de novo o sutiã. Todos estão guardados no fundo do armário. Que é que faço? Dona Luísa, a senhora que me ajuda, tem perguntado por eles quando vem limpar a casa. Apenas por segurança, pensei...
>
> Tchau

As ações armadas se multiplicavam. Nem todas eram abertamente políticas. Conforme Marighela havia dito, era preciso golpear no eixo Rio—Minas—São Paulo. Marighela era o novo Cavaleiro da Esperança. Assim o chamávamos no departamento de pesquisas, quando produzimos um artigo sobre o Partido

Comunista Brasileiro. Foi uma série de reportagens intitulada, "Os cinqüenta anos vermelhos", comemorativa da revolução soviética. Ninguém gostou: o PC brasileiro não gostou, os soviéticos mandaram um funcionário protestar no JB e o governo apertou a direção do jornal. Marighela, cuja única foto de que dispúnhamos era de peito de fora, mostrando o tiro que levou quando tentou resistir à prisão saindo de um cinema no Rio, Marighela para quem a ação era o único modo de unir a esquerda.

O eixo Rio—Minas—São Paulo. Era interessante pensar num eixo. É uma forma de pensar que dá segurança, mais militar. Minas, Rio, São Paulo eram um eixo e eu seguia para Ricardo de Albuquerque para visitar meu amigo Elias, preso por panfletar contra o AI-5 numa rua de Madureira.

> Sábado, companheiro
>
> Tudo bem com os sutiãs. Vou tirando aos poucos. Será que dá pra pegar aquela camisa cinza e preta de seda? Vou a um teatrinho amanhã. Queria um livro também, coisa de se ler no ônibus ou então quando se espera
>
> Beijos

No distrito policial de Ricardo de Albuquerque, as visitas ficam do lado do pátio, longe das celas e corredores. De vez em quando, podia-se ver um pedaço do lado de dentro. Enquanto esperava, pensava no que dizer. O que se diz para um preso? Agüenta a barra? Creio que somente um tipo de pessoa se comunica bem com os presos: as práticas, que cuidam das coisas do lado de fora: já entreguei a procuração, o doutor fulano deu entrada na auditoria, já comprei o livro, o fulano diz que aquela dívida você pode esquecer. A ante-sala da cadeia é assim como um trem partindo: não dá para começar um assunto novo, não dá para completar os velhos.

E queria dizer tanta coisa, Elias, Talvez dar um informe. O informe você sabe, começa com a situação internacional: o capitalismo está numa crise agonizante e o socialismo avança em todo o mundo. Ou então uma frase geral: a realidade mais uma vez comprovou o acerto de nossas análises. Nunca recebi um informe que me dissesse: o capitalismo está avançando em muitos pontos; a realidade mais uma vez comprovou que estávamos errados; e que não terminasse com as massas triunfantes assaltando os céus — a tomada do poder. Amigo: se eu te dissesse "agüenta a barra porque um dia as massas vão nos liberar", era o pior que podia fazer. As massas parecem capazes de tudo num domingo à tarde, menos de invadir o distrito policial de Ricardo de Albuquerque para salvar meu amigo. As massas estão coladas no seu radinho de pilha, ouvindo os gritos do locutor, estão presas à televisão assistindo a uma partida decisiva. Pena que não seja em cores. Elias, mas ainda assim vou te dizer como estão as pessoas e a cidade do Rio enquanto você esteve trancado nesse xadrez, cheirando a fundo de cadeia. Algumas estão felizes e vou falar delas. Creio que é bom, para quem está aí no sufoco, saber que há gente feliz, dentro dos limites desse incrível planeta. Nesse momento da revolução, não precisamos das massas. Conte com a justiça militar, pois seu caso é simples.

Um cigarrinho, uma pêra, come chocolate, amigo. Não, você não vai voltar para esse xadrez imundo, nos deixando assim perdidos no domingo suburbano. Como se sai daqui, de Ricardo de Albuquerque? Quem foi Ricardo de Albuquerque? Que diabo de obras estão fazendo no DOPS? Você precisava conhecer Márcia. Também não conheço, mas é diferente de nós. Apenas escrevo panfletos, amigo. E você distribui panfletos nas ruas esburacadas de Madureira. Ela tem uma metralhadora dentro da bolsa, um revólver dentro da liga e, possivelmente, uma navalha no sutiã. Loura, morena? Depende da luz filtrando na entrada do meu apartamento no Leblon, dos olhos dos motoristas que ela intercepta nua, abrindo sua capa preta. Depende de como acordou o Otávio, nosso repórter policial. Se a vida tratou bem o Otávio, conte com descrições maravilhosas: ela numa esquina, com a capa preta aberta, a metralhadora pendurada no lado esquerdo, os pés cruzados como uma modelo de revista. Amigo:

está seguro de que não precisa de nada, um livrinho? E se conseguíssemos te mandar comida todo dia? Sei que é longe, mas dava-se um jeito. Lugar de morar, você já tem quando sair daqui. Conte comigo. Às vezes empresto a casa de fim de semana. Aí então você teria que saltar, amigo. Nós teríamos que saltar.

"O meu grupo", conta José Ronaldo de Lira e Silva, "iniciou sua ação ao receber o sinal de entrada pelo portão dos fundos. Fomos diretamente ao portão principal do Hospital Militar de Cambuci, sem nenhum problema."

"Chegados lá, paramos o carro a certa distância do sentinela que, ao ver sair o veículo de um oficial do Exército (mais precisamente um tenente), apressou-se em abrir o portão."

"O suposto oficial chamou então o soldado e, quando este se aproximou, perguntou, em tom enérgico: 'Você disparou sua arma de regulamento?' O soldado, que não sabia do que se tratava, respondeu espantado: 'Não, não senhor. Não disparei nenhuma arma.' 'Entregue-me a arma para verificação.' O soldado obedeceu. Com tão simples artifício, desarmamos o sentinela."

Se quisessem, podiam te soltar, amigo. São incríveis os militares que passaram para o nosso lado. Bem organizados, com disciplina. Centralismo é com eles. Falou, tá falado. São decididos em tudo. Se um deles quisesse transar com Márcia, por exemplo, deixava um bilhete: "Companheira: encontre comigo defronte ao 115 da Fonte da Saudade, às quatro horas da tarde de terça. Papo pessoal. Senha: qual o caminho mais perto para Copacabana? Resposta: no seu caso, tomava um táxi".

Se ia? Claro, amigo, claro que ia. Em vez disso, fico cheirando o travesseiro onde ela dormiu, trocando os lençóis com todas as possíveis secreções humanas. Cheiro bom? Claro, amigo. Se não é do companheiro? E daí? Senhora, eu vos amo tanto que até pelo vosso marido eu sinto um certo quebranto.

Isso, amigo, quero você rindo quando o carcereiro vier buscar os presos de volta. Quero voltar tranqüilo para o Leblon, sabendo que você vai remoer essas histórias aí no fundo da cela, se mexendo na esteira, sorrindo de repente de mim, do locutor da Globo que manda mil mensagens aos motoristas de táxi, nessa madrugada de segunda-feira.

Companheira:

Pena que não tenha gostado de *Godot*. O autor é da Irlanda, viveu a Segunda Guerra e é muito inteligente. Concordo que não há esperança. E daí? Há tanta coisa cheia de esperança e tão malfeitinha, não? Outra lembrança? O problema do banheiro. Ajudaria muito se as pessoas limpassem a areia do pé, antes. Esse maiô inteiro que você deixou aqui em casa, talvez fosse melhor levar. Dona Luísa vai ficar desconfiada. Ninguém veio de Minas me visitar. Próxima semana, é melhor também não vir. A família decidiu que vou mudar. Não sei para onde, não sei para quê. Foi ótimo te conhecer. Quem sabe não nos cruzamos aí pelas quebradas?

Tchau

15. BABILÔNIA, BABILÔNIA

CHEGA UM MOMENTO em que o narrador precisa ajustar melhor suas linhas, tensionar melhor o seu arco, tirar alguns efeitos técnicos: Todos esperam isso dele, sobretudo na hora da emoção. Mas o narrador já aprendeu, com o tempo, que um livro, um longo relato, não é apenas uma sucessão de histórias que se contam num punhado de páginas brancas. Um livro não se controla. A notícia mais simples sobre o assunto foi esta:

AP161

URGENTE

RIO DE JANEIRO, 4 (AP) — O EMBAIXADOR DOS ESTADOS UNIDOS NO BRASIL, CHARLES BURKE ELBRICK, FOI SEQÜESTRADO HOJE NO RIO DE JANEIRO.

UM PORTA-VOZ DA EMBAIXADA CONFIRMOU A NOTÍCIA À ASSOCIATED PRESS.

Era uma quinta-feira, princípio de primavera. Não me lembro se o verde era mais intenso, se havia algum cheiro especial no ar. Não me lembro de nada, exceto de que era um dia nublado, desses milhares de dias que entram na gaveta da memória e de lá não saem jamais. É uma vergonha: uma coisa de tanta gravidade, tão importante na vida de todos nós que fazíamos a luta armada, e o narrador, sempre que pensa no episódio, só se lembra de uma frase. A frase de Richard Nixon para William Rogers, ao ser informado, de madrugada, de que o embaixador americano fora seqüestrado numa rua da zona Sul do Rio de Janeiro: "Rogers, que merda é essa?".

Pode até ser que a frase não tenha sido exatamente essa. Que isso tenha sido uma pura invenção do Daniel, tentando imaginar o diálogo que as agências anunciaram naquela madrugada. O fato é que jamais saiu da minha cabeça. Cada vez que me lembro do episódio, é ela que se impõe, abrindo caminho nos mil e um detalhes que se acumulam na memória. Ainda hoje, olhando a rua da janela do sexto andar, vejo os punks se esfaqueando na entrada do prédio e me pergunto: Rogers, que merda é essa? A frase passou a ser uma chave para tudo que acontece muito rápido, de supetão: vupt e pronto, *just like that*.

Lembro-me de descer correndo as escadas da casa, de abrir a porta da garagem, de fechar rapidamente a porta da garagem, de olhar o fundo da Kombi esverdeada e ver ali, meio embrulhado num saco, o homem e a cara larga do homem. Dentro da Kombi as pessoas sorriam discretamente, orgulhosas. Encostei-me um pouco na parede e disse em voz alta:

"Meu Deus, seqüestramos o embaixador do Estados Unidos."

Dali por diante, tudo se faria num outro ritmo. Nossa respiração era mais curta, nossos olhares faiscavam; estávamos encantados. Subimos com a pasta negra do homem, porque ainda era de tarde e ele teria de ficar na garagem até o anoitecer. A garagem não tinha uma passagem subterrânea que se comunicasse com o interior da casa na Barão de Petrópolis.

A pasta negra foi colocada no chão da sala. A sala era um elemento estável na minha vida clandestina. Nela estavam todos os móveis que ia carregando comigo nos deslocamentos sucessivos: a mesa circular branca, a estante improvisada com tijolos, a poltrona onde dormia lendo os clássicos e acordava com o corpo colado ao couro, molhado de suor. A pasta estava sobre o tapete e nós diante dela. Não sei se você, quando menino, já matou uma cobra e teve medo da mexida que a cobra dá, depois de morta. Estávamos diante da pasta como diante de uma cobra morta. E se houvesse um *bip bip* comunicando nossa posição, uma tinta indelével que nos marcasse, uma caixinha de música que transmitisse para um receptor ultrapotente?

A pasta preta era apenas uma pasta preta. No seu interior,

coisas de um diplomata qualquer: caneta, agendas, cartas não muito secretas mas tratando de gente importante. O ministro do Planejamento da época era o Hélio Beltrão e havia uma pequena biografia dele. Possivelmente teriam um encontro e Elbrick pedira algum background. Tudo bem. Beltrão era simpático aos Estados Unidos.

É difícil não fantasiar o inimigo. Vera fizera um levantamento perfeito. Ele passava duas vezes ao dia: uma pela manhã, outra depois do almoço. Esperamos toda a manhã e ninguém apareceu. Como explicar isso?, pensava eu, afundado na poltrona de couro, enquanto Toledo lia seu jornal.

Fechamos de novo a pasta preta. Foram quinze dias maldormidos, tensos e agitados que separaram o momento da concepção do momento em que a ação se consumara. Éramos pouquíssimos os que sabiam o que ia acontecer. Tudo começara com uma frase de Zé Roberto:

"Hoje passei por Botafogo e vi que o carro do embaixador americano cruzava a rua Marques. Pode ser que passe por ali todo dia, pois a casa fica perto."

Uma frase dessas não cairia no vazio. Aliás uma das coisas que havíamos aprendido na vida pessoal, depois da clandestinidade, depois de termos nos lançado fora da rotina cotidiana: o campo do possível é muito mais amplo do que imaginamos. Antigamente, tinha imensa dificuldade em alugar um apartamento, mesmo com dinheiro. Às vezes alugava dois por semana, para fazer frente aos constantes problemas de segurança que iam se sucedendo. Às vezes, precisávamos de uma série de documentos que, mesmo com um bom despachante, tomariam meses para serem aprontados, e, com a ajuda dos nossos falsificadores, produzíamos os mesmos documentos em apenas algumas horas. É verdade que os documentos eram falsos, que os apartamentos eram alugados com rapidez porque, quase sempre, dispúnhamos de dinheiro extra para pagar adiantado. Mas ainda assim nossos movimentos eram muito mais rápidos que os movimentos de uma pessoa que respeita a lei e se move dentro dos seus limites. Éramos forçados a um constante processo de criação, de fugas, de disfarces, que acabou nos abrindo também alguns caminhos extraordinários: o de pensar em termos grandiosos, ainda que déssemos alguns saltos maiores que as pernas.

Se você fizesse uma pergunta dessas, ninguém pensaria que ficou louco, ou coisa parecida. A reação quase que imediata era começar a pensar nos detalhes: levantamento, número de carros, possibilidade de associação com outro grupos. OK, faríamos a ação, íamos seqüestrar o embaixador americano, no 8 de outubro ou no 7 de setembro. Mas como?

Inicialmente, era preciso recolher o maior número possível de dados. Onde é que morava exatamente, que tipo de segurança trazia ao se deslocar, se tinha ou não conexão direta com a embaixada, por rádio especial. Vera estava em melhores condições do que nós para realizar a tarefa. Ela resolveu compor um tipo de empregada doméstica em busca de emprego. Saiu-se muito bem. Os maiores levantamentos do gênero foram sempre feitos por mulheres. Apesar das sucessivas notícias sobre a participação de mulheres em ações armadas, o peso da estrutura patriarcal ainda impedia que muitos as associassem à violência ou mesmo à coragem. Assim que a casa foi descoberta, o primeiro contato que ela fez foi diretamente com o chefe da segurança pessoal do embaixador. Ele se chamava Antônio Jamir e se interessou especialmente por aquela candidata a empregada doméstica.

"Mãos tão finas. Ah, só arrumadeira? Bem, talvez precisem, não sei. Você não gostaria de conhecer a casa?"

Vera sentiu no ar que havia sexo e conduziu imediatamente para esse lado. Chegou a marcar um encontro com o chefe de segurança mas antes disso fez inúmeras perguntas. Ela dizia por exemplo: "Que lindo automóvel!". Antônio respondia: "Lindo, mas há outros, muito mais bonitos ainda".

Segundo ele, tudo era perfeito ali. Ele próprio era ultracompetente, pois havia lido sobre ações terroristas nos jornais, e iniciara, por sua conta, uma alteração no esquema, no sentido de adaptá-lo aos novos tempos. "Como assim?", perguntou Vera.

Ele a olhou como os homens que se julgam importantes olham para as mulheres que eles julgam idiotas e disse:

"Minha filha, não adianta explicar muito porque você não entenderia. De qualquer maneira, imagine bem: se alguém vê a bandeira americana no carro, imediatamente compreende que isso tem a ver com os Estados Unidos. O carro agora anda sem bandeira."

Enquanto Vera examinava a casa do embaixador em Botafogo, buscávamos em Santa Teresa a casa onde ele ficaria, quando seqüestrado. O clima era um pouco mais tenso nessas negociações. O dono da casa se chamava Vladmir e desconfiara de mim. Mencionou várias vezes o líder do movimento estudantil, que também se chamava Vladmir. Ao dizer isso, olhava para mim para examinar que tipo de reação aquela coincidência poderia trazer. Fiz o possível para parecer completamente neutro. Ele voltou à carga. Queria um avalista, caso contrário não fecharia negócio. Disse que seria difícil arranjar um avalista assim, rapidamente, mas, se ele o exigia, não havia outro caminho. Pedi 48 horas para encontrar alguém. Aí o senhor Vladmir abriu o jogo:

"Vi pela televisão uma reportagem sobre terroristas do MR-8. Eles alugam casas desse tipo e as transformam em *aparelho.*"

Limitei-me a dizer que terroristas não alugam casas exatamente desse tipo, apesar de aquela casa que discutíamos não parecer assim tão luxuosa, nem tão bem conservada. Se considerássemos o preço, claro... O senhor Vladmir ficou surpreendido com a digressão. Ele usara o argumento do terrorismo sinceramente preocupado com isso e, de repente, me via usando o mesmo argumento de forma estritamente comercial, tentando questionar o preço do aluguel, que, por sinal, havia sido aceito, sem muita relutância. Suponho que me tenha olhado com um pouco de desprezo. No fundo, um simples locatário, para quem qualquer assunto, mesmo o terrorismo, era uma chance de buscar uma redução no aluguel. Bem ou mal, isso ajudou a quebrar suas resistências.

A casa era importante não apenas por causa do seqüestro.

Tínhamos comprado uma pequena off-set e íamos montá-la no fundo. *Resistência* ia se transformar num jornal nacional. Pretendíamos distribuí-lo pelo país inteiro e abrir a redação para outros grupos. Talvez, no fim das contas, o jornal até deixasse de se chamar *Resistência*, mas, de qualquer maneira, seria um jornal nacional. Quem nos viu e quem nos via... Saímos de um pequeno apartamento da Paula Freitas com um mimeógrafo tocado a álcool para uma casa na Barão de Petrópolis, com uma off-set habilidosamente montada num quarto coberto de isopor, para evitar barulho.

Para realizar uma ação daquele tipo, era preciso condensar num simples grupo o máximo de experiência militar possível. Organizar uma espécie de combinado Rio—São Paulo. Duas pessoas rumaram para São Paulo, em busca de um contato com a ALN, organização liderada por Carlos Marighela. Nossas relações com a ALN eram ótimas, apesar de algumas discordâncias programáticas. O encontro foi feito com o próprio Marighela, que aceitou a proposta com entusiasmo. Tudo seria feito com a maior rapidez possível. Era só marcar a data que de São Paulo viria uma equipe com tudo em cima — revólveres, rifles e metralhadoras, enfim *todos los hierros*, como dizem os cubanos.

O 8 de outubro era muito longe para nossa pressa. Era preciso fazer algo em torno do 7 de setembro. Marcou-se o dia 4 de setembro, uma quinta-feira. Foi feita uma reunião final para determinar todos os detalhes do plano, plano que deixou de fora uma série de pequenas coisas que, mais tarde, cairiam sobre nossas cabeças.

O lugar adequado para a ação era mesmo a rua Marques — estreita e tranqüila, permitindo que se bloqueasse qualquer carro com uma simples manobra. A única desvantagem da rua Marques: era tranqüila demais e a presença do olheiro do carro da ação talvez fosse pesada demais e chamasse a atenção dos moradores. Isso aliás aconteceria, exatamente como previamos. Fomos salvos pela Marta Rocha. Marta Rocha era o nome dado a uma técnica através da qual se roubavam placas e com a ajuda de borracha se alteravam os números. Imagine como não fica fácil fazer de um 3 um 8.

O segundo problema que o lugar colocava: estava muito perto da casa do embaixador, que por sua vez estava muito perto de um quartel da Polícia Militar. Isso foi considerado e viu-se que seria difícil mobilizar o quartel a tempo. Os esquemas de fechar toda a cidade, de repente, ainda eram lentíssimos, comparados com a rapidez com que a ação se deu.

O túnel Rebouças é um dos maiores da América Latina, você sabe. Não posso dizer exatamente se é o maior. São tantas as coisas maiores do mundo no Brasil, quando a gente acaba de deixar o país. Só com o tempo é que percebemos o quanto fomos enganados. Mas o Rebouças era um túnel grande, que nos permitia sair de Botafogo, onde houve o seqüestro, e chegar à casa onde o embaixador seria mantido em apenas quinze minutos, vinte em caso de trânsito difícil.

Na divisão geral, foram formados três grupos de três pessoas. Um interceptaria o carro do embaixador e faria o seqüestro. Os dois outros fariam a cobertura na São Clemente e na Voluntários da Pátria. Além disso, alguém ficaria com a Kombi para o que se chamava *transbordo*, e um dos participantes iria a pé, para funcionar como olheiro. Tínhamos de roubar três placas para ajustá-las aos carros roubados.

Na noite anterior ao seqüestro, chegaram os três de São Paulo. Toledo viera um pouco antes, para compormos a fachada. Ele figuraria como o pai que viera do interior, para uma visita rápida ao Rio de Janeiro. Saíamos juntos, conversávamos amenidades pela Barão de Petrópolis e, nesse campo, tudo parecia caminhar muito bem. Toledo não chamava a atenção de ninguém: era uma pessoa de gestos curtos e discretos, vestido bem simplesmente; talvez o único detalhe que pudesse distingui-lo eram os suspensórios. Mas aqueles suspensórios o ajudavam nas arrumações internas, quando vestia o paletó: era ali que pendurava sua pistola.

Dona Luísa estava ultradesconfiada. Com a chegada dos três e aquelas sacolas pesadas que ninguém podia tocar, ela compreendeu tudo. Aliás, ela foi compreendendo com o tempo. Meus deslocamentos não eram normais. Saía de uma casa mais cara para uma outra mais barata e, logo em seguida, voltava a uma casa cara, sem que houvesse nenhum desastre ou ascensão econômica no meio. Dona Luísa não precisava entretanto de dados assim tão evidentes para chegar a alguma conclusão. Ela me conhecia bastante e podia notar uma certa tensão quando a campainha tocava, um número maior de conversas quase sussurradas, um modo diferente de olhar pela janela. A tensão, uma vez no ar, está aí para ser captada. Pouca gente, inclusive, pode reconstituir o caminho através do qual a captou. Alguma coisa íntima diz que algo está no ar, que algo caminha diferente, e pronto. Mesmo que os gestos cotidianos sejam mecanicamente os mesmos de sempre, eles estão banhados por uma nova luz, que a tudo preside. Ela própria estava mudando. Cada vez que batiam à porta, investigava pelo olho mágico, respondia com evasivas. Certa vez, chegou a retirar uns cartazes da parede, por algum tempo, e depois os recolocou. Dona Luísa, sem dizer uma só palavra, ia interiorizando aquela nova vida, ia mudando gradualmente os seus hábitos, e nós fazíamos tudo para dar a impressão, um ao outro, de que nada havia mudado.

De resto, como contar com palavras o que se passou praticamente sem elas? Dona Luísa sabia. Eu sabia que ela sabia e o silêncio era apenas a maneira pela qual ela mostrava sua generosidade. Seu enorme poder, o poder de quem sabe, lhe era indiferente. Ela se comportava como um ator que intuíra a mudança geral na marcação do espetáculo e reajustara suavemente seu papel, sem reclamar do esforço, sem olhar o diretor em busca de um gesto gratificante. Aquelas sacolas pesadas, aquela gente de *blue jeans*, aqueles gestos, tudo isso era demais para sua sutileza. Ela compreendeu que passávamos para uma nova fase e, também suavemente, abandonou o barco.

Aliás, desde que mudamos para a nova casa, dona Luísa estava preocupada. A razão era simples: um novo empregado. Para que um novo empregado, por que um novo empregado se ela era capaz de fazer tudo, mesmo numa casa maior? Ele era jardineiro, está bem, mas, ainda assim, o jardim não justifica um novo empregado e, muito menos, meu orçamento, que não apresentara nenhuma mudança assim tão visível. Com dois ou três lances, ela fez ver a Baiano quem realmente mandava na casa. Seu espaço estava ali, criado havia muitos anos, e ela não admitia um centímetro de concessão. Jardineiro era lá fora, no jardim. Ela jamais pensaria em se meter nas coisas de jardim, e ninguém jamais pensaria em se meter nas suas tarefas. Casa com muito dono acaba virando bagunça. Ali nunca vivera nenhuma mulher fixa. Era gente que pintava, de vez em quando. Dona Luísa conhecia os truques. Havia até um número de telefone falso que afixávamos no aparelho, quando tivemos telefone. Nada fixo, nada permanente, exceto nós dois e os móveis da sala, que nos acompanhavam.

Quando dona Luísa baixou as escadas com sua malinha, dizendo "Um dia a gente se reencontra", estávamos na véspera do seqüestro. Confesso que senti uma sensação assim como a de um *boxeur* estreante quando soa o gongo e o juiz grita "Segundos fora". São medos curtos, um pequeno tremor de perna, um vazio no estômago, coisa que passa com uma simples mudança de posição, com uma conversa despretensiosa no canto da sala. Havia ainda tanta coisa a fazer.

Os carros foram roubados, assim como as placas. Apenas uma Kombi para o transbordo não fora encontrada. Não havia outra saída, exceto a de utilizar a Kombi da casa. A Kombi havia sido comprada com o objetivo de distribuir o *Resistência*, em nome do Chico Nélson. Chico Nélson era jornalista e jamais fora informado de que a Kombi teria um destino como esse. Ele participara do movimento dos jornalistas e, quando a situação estava mais tensa, foi deslocado para a Amazônia para fazer uma reportagem para *O Cruzeiro*. Depois disso sumiu e o chamávamos de Amazonas. Jamais conseguimos fazê-lo sentar numa mesa de reunião. Era uma pessoa com uma incrível capacidade de se esconder. "Quedê o Amazonas?", perguntávamos. Ninguém respondia. O uso da Kombi ia portanto complicar, em caso de queda, uma pessoa que não tinha nenhum envolvimento profundo.

Coexistindo com esses problemas práticos, surgiram alguns pequenos problemas políticos. O manifesto que seria lançado estava redigido. A ação pretendia globalizar todas aquelas ações armadas que tinham sido feitas. Tudo seria justificado e, dentro dos limites, apresentaríamos uma espécie de avant-première da história contemporânea brasileira. O dinheiro e as armas que estavam sendo recolhidos destinavam-se à guerrilha rural que, em breve, eclodiria no Brasil.

Havia um parágrafo que sintetizava essa intenção:

> Grupos revolucionários detiveram hoje o senhor Elbrick, coduzindo-o a algum lugar dentro do país, onde se encontra. Não se trata de uma ação isolada. É mais uma das inúmeras ações revolucionárias já realizadas: assaltos a bancos, em que se recolhem fundos para a revolução, recuperando o que os banqueiros tiram do povo e de seus empregados; incursões contra quartéis e postos policiais, onde obtemos armas e munições para desenvolver a ação destinada à derrubada da ditadura; assaltos a cárceres, onde se encontram presos elementos revolucionários, a fim de libertá-los; colocação de bombas em edifícios que têm relação com a opressão; execução de carrascos e torturadores. Na realidade, o seqüestro do embaixador é mais um ato da guerra revolucionária que cada dia avança e que começou, este ano, sua etapa de guerrilha rural.

Com esse parágrafo, ficávamos livres para avançar, explicando quem era o embaixador americano, quais os métodos que usaríamos nas negociações etc. A ALN deveria aprovar o texto. Pensávamos que surgiria aí uma intensa discussão, uma longa fase de chega pra cá, tira daqui; enfim, uma penosa negociação nas últimas horas. A grande diferença entre as duas organizações era a de que o MR-8 propunha o socialismo, a ALN uma revolução de libertação nacional. Na época era uma divisão suficiente para justificar estruturas completamente diferentes, enfoques e ênfase também completamente diferentes.

Toledo e seus companheiros aprovaram o texto, praticamente sem nenhuma alteração. Mesmo aqueles parágrafos que estavam cheios da alegre irreverência de 68 foram considerados adequados. Um deles, por exemplo, dizia: "Os quinze dirigentes revolucionários deverão ser postos em liberdade estejam ou não cumprindo sentenças de prisão. Esta é uma 'situação excepcional'. E em 'situações excepcionais' os juristas da ditadura sempre encontraram uma forma de resolver as coisas, como se viu agora, na tomada do poder pela Junta Militar".

Era uma alusão a todos os atos excepcionais mas principalmente ao afastamento do vice-presidente Pedro Aleixo, que deveria, em caso normal, assumir a presidência com a doença do general Costa e Silva. A junta deu mais um golpe num país que estava se tornando uma vítima quase que cotidiana de transgressões das próprias leis que os militares impunham.

Um outro aspecto do manifesto era a tentativa, ainda que não elaborada, de fugir à velha lengalenga da esquerda, aos discursos muito bacharelescos que não atraíam ninguém. Nesse sentido, a experiência dos textos dos panfletos que se produziam diariamente no movimento operário foi aproveitada pelo redator. Algumas expressões como "tapar o sol com a peneira", "jogar a areia nos olhos dos explorados" caíram muito bem. Eram facilmente compreensíveis e foram retiradas do próprio universo vocabular de quem queríamos atingir.

Pedíamos duas coisas ao governo, para soltar com vida aquela pessoa enrolada num saco no fundo da Kombi: "As duas exigências", dizia o texto,

> são: a) a libertação de quinze prisioneiros políticos que sofrem torturas nas celas de prisões em todo o país, que são golpeados, maltratados e suportam as humilhações que lhes impõem os militares. Não pedimos o impossível, não pedimos a volta à vida de inúmeros combatentes assassinados

na prisão. Os que não forem libertados agora, é claro, serão reivindicados algum dia.

b) a publicação e leitura desta mensagem completa nos principais jornais e estações de rádio e televisão do país.*

Não pedíamos o impossível. Quando ligamos o rádio à noite, ouvimos o texto ser lido por locutores oficiais. Faltava um pouco de saliva, às vezes embatucavam numa ou noutra frase mais agressiva. Foram até o final.

Querida Elviry

Estou bem e espero ser libertado e te ver em breve. Por favor, não te preocupes. Eu também trato de não preocupar-me. As autoridades brasileiras estão informadas dos pedidos que lhes fazem os que me têm em seu poder. Não devem tratar de me localizar, pois poderia ser perigoso. Devem apressar-se em satisfazer as condições exigidas para a minha liberdade.

Estas pessoas parecem muito decididas.

Todo meu amor, querida, esperando que logo estejamos juntos

Burke

Foi a primeira mensagem do embaixador para sua mulher. Foi lançada na caixa de esmolas de uma igreja na Glória e, imediatamente, comunicada ao *Jornal do Brasil*. Antes disso, ainda quando estava na Kombi, perguntamos se queria que nos comunicássemos com alguém. Ele apenas pediu que se avisasse o ministro conselheiro. Telefonei para a Embaixada dos Estados Unidos mas creio que fui mal entendido. Os telefonistas eram muito burocráticos para a situação e me faziam perder tempo.

Quando saí à rua pela primeira vez, deixando pra trás a casa da Barão de Petrópolis, estava entusiasmado com o feito. Mas

* O autor do manifesto é Franklin Martins, nome não mencionado no texto escrito em 1979. (N. A.)

ao mesmo tempo estava preocupado. Uma pessoa que sai de casa com um determinado objetivo e não aparece mais é uma trama que sempre me comoveu. Lembro-me de um filme de Alfred Hitchcock chamado *O homem errado*. Henry Fonda era um músico de boate de terceira categoria e viajava no metrô, diariamente, analisando seu programa de corridas de cavalo. De repente, vai preso, confundido com um assaltante que atuava numa das regiões pobres de Nova York. Sua ansiedade era muito grande, não no sentido de provar que era inocente, pois nem sabia, exatamente, do que se tratava. O núcleo do drama era pensar que o esperavam, era pressentir o sofrimento das pessoas que gostavam dele. Será que a mulher do embaixador ia sofrer muito? Será que isso serviria para ligá-los mais profundamente? Ou os anos de indiferença e rotina já tinham corroído tudo?

Em primeiro lugar, não tinha direito de especular sobre a vida íntima das pessoas que estavam seqüestradas em minha casa. Em segundo lugar, tinha esquecido de comprar comida para a primeira noite. Definitivamente, os novos tempos me superavam. A libertação do Brasil exigia pessoas práticas, organizadas e com disciplina. Estudantes de engenharia, de química, por exemplo. Precisávamos de técnicos, gente capaz de transformar um bolo de aniversário numa bomba que fizesse voar o parlamento. Eu usava óculos, esquecia as tarefas mais elementares e, num momento daqueles, me interrogava se Burke realmente amava Elviry.

Quando não se quer pensar muito numa comida o melhor é buscá-la na pizzaria mais próxima. Fui ao Leblon, de táxi, e comprei pizza para todos. O vendedor de pizzas me perguntava se eu queria ou não *alice*, se todas as pizzas teriam *alice*. Dúvida. E se ele não come *alice*? Metade das pizzas seriam só com mozarela. Rápido, rápido, irmão, estamos com muita fome e já são quase nove horas da noite. E agora, como achar um táxi com esse embrulho quente na mão? Será que o papel agüenta? Tudo, menos gordura na mão.

Tinha um ponto com Zé Roberto. Ele seria um contato entre nós e a O. Fumava um cachimbo e me esperava numa rua tranqüila do Leme. Rimos muito e ele queria um pedaço de pizza. Imagine. Achar outro táxi rápido.

O bilhete de Elbrick para sua mulher não se destinava apenas a tranqüilizá-la ou a tranqüilizar nossa consciência. Era um bilhete escrito pelo próprio embaixador e isso serviria para mostrar aos militares que ele estava conosco. Num momento como esses, acontecem mil coisas imprevistas. Surgem Exércitos de Libertação dos Animais, Grupos de Apoio a Marte, uma enorme quantidade de pessoas que se intitulam os seqüestradores e apresentam suas exigências. Quase todos os distritos policiais recebiam telefonemas contendo ironias, ameaças e exigências. Por mais que respeitássemos esses desejos escondidos por tantos anos, e que, agora, aproveitando a crise, surgiam à tona, tínhamos de trabalhar rápido e seriamente. A polícia, depois de algumas horas, já não tinha mais dúvida sobre o interlocutor adequado. Elviry lera o bilhete e reconhecera a letra do marido.

Do ponto de vista das exigências, aquele seqüestro era uma coisa muito exclusiva. Queríamos a publicação de nosso manifesto, a libertação dos nossos presos, e deixávamos aos outros a alternativa de torcer pela nossa vitória. Que desejos poderiam ser levados em conta ali? Eu pediria a felicidade, mas um governo não pode dar felicidade. O máximo que poderia fazer era renunciar, retirando-se assim de cena e reconhecendo que era um grande obstáculo à felicidade. Pensávamos essas questões todas nos intervalos da guarda. Não eram questões completamente vazias. Nos outros seqüestros chegou a surgir pedido de passagem gratuita nos trens e, em muitos países, foi feita distribuição de remédios e alimento. Se bem que não era essa a idéia que tínhamos da felicidade.

Aliás, se começássemos a aprofundar muito nossa discussão sobre felicidade, ali naquela sala, cercados dos livros empoeirados que eu trouxera de Minas, as divergências iam se ampliar de maneira vertiginosa. O motorista do táxi, por exemplo, falou, animadamente, do seqüestro do embaixador americano. Eu estava encolhido no banco de trás, tentando equilibrar o embrulho de pizzas com *alice*, e parecia completamente alheio ao seu discurso. Houve um momento em que ele disse: ah, se estivesse comigo... ah, se estivesse comigo, sei bem o que pediria. Depois de dizer isso, virou-se para mim, sentiu minha neutralidade e deu de ombros, possivelmente desejando que a viagem fosse curta e que surgisse um novo passageiro, querendo, como ele, falar daquele assunto.

Quando voltei à casa, já era bastante tarde e estavam todos famintos e levemente irritados comigo. Tudo bem, íamos morrer juntos, se preciso, não existia portanto nenhuma razão para brigar por um atraso na comida. O embaixador já havia descansado num dos quartos de cima e estavam preparando um curativo melhor para sua cabeça.

Afinal, o que fora aquilo? O seqüestro se deu muito rapidamente. Na parte da manhã, nada. Na parte da tarde, o carro apareceu na hora exata. Antes passou um outro carro negro do corpo diplomático. O olheiro esteve a pique de fazer o sinal e desfechar a ação. Uma vez feito o sinal, nada mais interromperia o curso das coisas. O olheiro viu, entretanto, que o carro negro que se aproximava tinha uma bandeira. E no carro do americano já não usavam mais bandeira. Pelo menos isso tinha dito o chefe da segurança, quando namorava Vera. O olheiro se intrigou e decidiu esperar um segundo mais. Foi o bastante para perceber que o carro era do embaixador de Portugal. Ufa, deixei praticamente a pizza cair na mesa. Íamos nos enganar de século.

O motorista do embaixador não chegou a perceber tudo. O que ele viu foi um carro barrando sua passagem na rua Marques. Ele parou e já apontavam uma pistola contra sua cabeça, enquanto dois homens entravam no banco de trás e dominavam o embaixador. O motorista foi empurrado para o lado direito, seu quepe foi arrancado e imediatamente enterrado na cabeça do jovem, que agora iria dirigir o Cadillac e partir a todo vapor. Para onde? Quase ninguém viu a operação. Nem dona Elba Sotomayor, mulher de um oficial da Marinha, que estava preocupada com o movimento na rua. Ela chegara a telefonar para a polícia pois *o preço da liberdade é a eterna vigilância*. A polícia perguntara de que se tratava e dona Elba disse que havia um carro parecendo roubado. Pediram a placa, ela leu a placa e eles responderam do outro lado da linha: "Tudo bem. É um carro legal".

O forte golpe* que o embaixador recebeu na cabeça se deu no momento do transbordo. Ele foi retirado para a Kombi e julgou que ia ser morto ali mesmo. Ele tentou se mexer e um dos companheiros que o mantinham pensou que queria fugir e golpeou sua cabeça. Foi horrível para todos nós, sobretudo para o companheiro que o golpeou. Sempre que podia, ele queria saber notícias, se sentia dores na cabeça, se ainda sangrava. Tudo aconteceu porque estavam nervosos, e nada mais natural do que estar nervoso ali, no momento do transbordo, quando ele seria enfiado num saco e a Kombi rumaria para a Barão de Petrópolis, tendo diante de si um grande obstáculo: o túnel Rebouças. Todos podem imaginar que entrar no túnel foi muito fácil, mas foram quatro quilômetros de ansiedade sobre o destino que encontrariam ao sair do túnel.

O esquema de defesa da casa era montado de uma forma semicircular. Nos fundos, trepado na banheira, alguém olhava constantemente para o quintal, pois o acesso ao quintal era fácil através de um barranco; da sala da frente era possível controlar a rua nas duas direções; e, finalmente, do quarto onde estava o embaixador encarava-se diretamente uma janela, por onde também poderiam tentar entrar.

Os turnos se sucediam. Todos os que estavam na casa se revezavam nessa posição com uma precisão militar. Apenas eu era dispensado, por causa dos deslocamentos, mas, quando ficava em casa três horas, ocupava um turno normal. Ficar no banheiro era mais incômodo. A sala era melhor, pois se podia conversar.

Durante as vezes que me coube cuidar do embaixador, percebi que ali não era o melhor lugar. Para começar, qualquer

* Nas edições anteriores: *pequeno golpe*. O exemplar do embaixador criticava esse adjetivo com uma série de pontos de interrogação. Decidi mudar o adjetivo, porque quem leva a pancada sabe mais. (N. A.)

barulhinho na janela nos tensionava e, com isso, tensionava o embaixador. Conversávamos sobre as relações entre os Estados Unidos e o Brasil. Nos primeiros turnos, ele foi informado das torturas nas cadeias brasileiras. Ficou sinceramente impressionado com o que ouviu. Havia relatos de tortura no Rio, Minas e São Paulo. Mencionávamos inclusive algumas pessoas que tinham sido mortas. O sargento Lucas era uma delas.

O embaixador Burke procurava manter todo o tempo um misto de surpresa e curiosidade para esconder sua irritação. Não apenas pelos relatos que ouvia, mas pela confusão em que, de repente, se meteu. Ele sabia de todos os detalhes das negociações. A primeira condição fora cumprida e as chances de êxito eram quase que totais. Ainda assim, creio que desejou não ter se levantado da cama naquela quinta-feira quando foi seqüestrado.

No princípio, sabia mascarar bem sua tristeza por baixo das dores que sentia na testa. É compreensível que não se queira dar ao adversário uma satisfação adicional: a de nos ver tristes. Com o tempo, entretanto, ele ficou mais espontâneo, começava e encerrava uma discussão inteiramente à vontade. Certa vez, falei sobre o movimento Panteras Negras. Disse que os via com muita simpatia e achava que poderiam representar muito para a democracia americana, para a humanização de Babilônia. Ele discordou. Os Panteras Negras eram muito radicais e não teriam a mínima chance. Eu estava com o revólver apontado para ele, por causa da janela à sua esquerda. Imediatamente baixei o revólver para prosseguir a discussão. Ele percebeu que fiquei perturbado em discutir nessas circunstâncias. Afinal meus argumentos eram bastante bons para que eu apontasse uma arma para o interlocutor. Ele captou muito bem a relação incômoda que tínhamos com a arma. Éramos intelectuais, querendo dizer alguma coisa, e os tanques estavam apontados contra nós, no Brasil. Não queríamos de forma alguma trocar de papel.

Apenas sobre o Vietnã houve uma certa concordância. Ele não achava que a intervenção americana conduziria a uma solução do problema. Se bem que evitasse, cuidadosamente, nosso vocabulário — genocídio, barbárie e outras coisas —, condenou aquela política e lamentou que não pudesse fazer nada muito diretamente. Era apenas um embaixador de carreira e os centros de decisão onde se definia, realmente, a política americana estavam bem longe de seu alcance.

Voltei a tirar plantão no quarto onde estava, num momento bem mais tenso. A sexta-feira, 5 de setembro, passara mais ou menos tranqüila. Os manifestos foram publicados, já haviam sido lidos no rádio, e o próprio Toledo resolveu aproveitar a manhã para fazer compras. Ele queria preparar um arroz-de-carreteiro para o embaixador e para nós. Era uma de suas especialidades, possivelmente adquirida nos anos em que deve ter se escondido da polícia nos *aparelhos* da vida.

As informações sobre a polícia não eram inquietantes. Parece que não tinham a mínima idéia e iam começar investigando casa por casa, bairro por bairro, o que, tecnicamente, era impossível. Falava-se na chegada de dois aviões com agentes americanos. Mas o que é que os americanos poderiam fazer numa cidade imensa como o Rio de Janeiro, num prazo tão curto? Falava-se também em resistência militar à concessão dos presos e à leitura do manifesto. Um dos grupos teria tentado tomar uma emissora para protestar contra o que consideravam uma fraqueza do governo militar.

Nosso problema era o de entregar a lista de presos o mais rapidamente possível. Todos esperavam a lista. Inclusive eu, que sabia apenas alguns nomes e desconhecia os que a ALN colocaria. Toledo me chamou e disse que tinha um problema especial: um amigo que estava preso, um excelente militante mas cujo nome ele desconhecia. Tinha apenas uma pista. Será que eu conseguiria descobrir o nome do homem antes de lançar a lista para a imprensa?

O que Toledo pedira, entretanto, era impossível. Teria de seguir a única pista, que era uma nota no jornal contando a queda daquela pessoa. Ao encontrar a nota, encontraria também uma indicação do seu nome verdadeiro, para ser incluído na lista. O melhor era deixá-lo de lado, pois o tempo era curto demais. Naquele momento, ali no canto da sala, definiu-se a sorte de uma pessoa. A lista foi concluída sem o nome do militante. Nos seqüestros posteriores, ninguém se importava mais em lançar dados muito imprecisos. Deixava-se à polícia a tarefa de descobrir o nome exato da pessoa.

Deixei a lista no Leblon, com os quinze nomes. Joguei numa caixa de palpites de futebol, rumei para a Barão da Torre em Ipanema e de lá telefonei para os jornais. Parece que já no fim da tarde ouvíamos os nomes pelo rádio. Estava tudo bem. O embaixador melhorava de seu ferimento na testa, os nomes dos prisioneiros a serem liberados já eram do conhecimento de todo o Brasil.

Voltei para a Barão de Petrópolis com um sentimento de dever cumprido. Apenas estava levemente perturbado por um detalhe: por que jogar a lista a quinhentos metros da minha antiga casa? Não seria uma indicação para as pessoas que me conheciam bem? Por que o subconsciente me apontara para ali e não para outro lugar? Não seria exatamente isso o que estava querendo: dizer aos amigos íntimos que estava ligado àquela ação e me orgulhava muito disso?

O momento tenso da sexta-feira se deu quando tocaram a campainha da casa. Foram me buscar no quarto do embaixador. Eu era, oficialmente, o morador da casa e tinha de abrir a porta. Alguém tomou meu lugar com a arma apontando diretamente a cabeça de Burke, enquanto eu baixava as escadas com as pernas bambas e, por via das dúvidas, com o revólver enfiado na camisa. No pé da escada, cuidadosamente escondidos para não serem vistos de relance, estavam três companheiros com as armas voltadas para a porta, em ponto de bala. Abri a porta e vi dois homens. De cara, pareceram-me oficiais do Exército ou oficiais de alguma coisa. Era assim como uma fotografia de candidatos a astronautas, dez anos mais jovens: de cabelos curtos, com a camisa social desabotoada para simular distensão, gente que havia, certamente, passado dos trinta anos e fazia uns quinze minutos diários de ginástica para conservar o físico... Que situação, seu doutor: na minha frente dois oficiais do Exército ou do diabo que fosse; nas minhas costas três guerrilheiros da ALN apontando metralhadoras e espingardas de cano cortado. Era fundamental que se entendessem bem, que não brigassem, porque certamente um dos estilhaços iria me atingir.

"Boa noite", disse um deles. "O senhor mora aqui?"

"Boa noite, moro sim."

"É porque nos convidaram para jantar e nos deram este endereço. O senhor mora sozinho?"

"Deve ter sido engano", disse. "Se bem que os senhores seriam bem-vindos à minha mesa. Não convidei ninguém e naturalmente o endereço está errado."

"O senhor tem telefone?"

"Não."

"Está bem, então. Até a próxima. Desculpe o incômodo..."

Fechei a porta da casa e ainda ouvi os passos dos homens baixando as escadas. Atrás de mim, formou-se um bolo dos três, que começaram a discutir, em voz baixa e nervosamente, sobre o que fazer. Pareciam uma equipe de basquetebol, quando o técnico pede tempo. O melhor era tomar uma decisão rápida. Seguir os homens. Os olhos se voltaram para mim. Oficialmente era o morador da casa, o único que tinha chance de ir e vir. Toledo talvez o pudesse fazer, mas era ridículo arriscar a pele de Toledo numa simples exploração.

Saí de casa um pouco preocupado. Jamais tinha me sentido bem quando a polícia estava em meu encalço. Muito pior era a sensação de estar no encalço da polícia. Felizmente, os dois entraram numa casa próxima e ocuparam o telefone. Encostei-me devagarinho nas escadas e ouvi o diálogo. Quando um deles falou "Alô, comandante", não tive dúvidas. Eles apenas estavam dando sua localização.

Voltei e comuniquei que eram, de fato, os homens e que, possivelmente, se tratava de uma visita de rotina a uma das mil casas suspeitas do Rio de Janeiro. Mas que também a suspeita não parecia ter se dissipado. Continuávamos a ser uma casa suspeita.

Voltei ao quarto do embaixador, retomei meu plantão diante dele. Seus olhos, por baixo das sobrancelhas cerradas, estavam mais vivos do que nunca. Ele captou todo o nervosismo que estava no ar e parecia perguntar o que era. Voltei a conversar sobre política, tentei tranqüilizá-lo através da mudança de assunto. O pior tranqüilizante do mundo é quando as pessoas dizem calma, não está acontecendo nada.

O embaixador pouco conhecia da realidade brasileira. Ele circulava no mundo oficial e ali pintava-se um quadro cor-de-rosa. Coquetéis, recepções, cerimônias de condecoração eram rituais que não esclareciam muito. O outro lado do Brasil não aparecia jamais naquelas salas, exceto em momentos muito rápidos, em casos muito raros. O que se aprende com sorrisos de praxe, com a cortesia congelada entre um e outro martíni?

Sua opinião pessoal era a de que os Estados Unidos não deveriam apostar em governos militares autoritários. Esses governos garantiam uma estabilidade a curto prazo mas eram capazes de despertar ódios eternos, que acabariam contaminando os seus aliados. Na sua opinião, e ele gostava de acentuar isso, era importante se ligar aos líderes populares que fossem uma alternativa ao comunismo:

"É possível se afirmar que dom Hélder Câmara é comunista?", perguntava ele.

Essas reflexões de Elbrick eram sinceras. Não as fazia porque era prisioneiro. Ainda hoje em Washington, de barba e cabelo grande, ele desfruta seu gim-tônica no Clube dos Embaixadores e é capaz de confirmar os diálogos dos quais se recorda. Falei com um jornalista americano que esteve com ele, preparando um livro sobre a vida de Dan Mitrione.

"Burke", disse o jornalista, "é uma pessoa distendida e simpática. A experiência daqueles dias parece ter marcado positivamente sua personalidade."

Os militares não o aceitariam mais como embaixador no Brasil. Mas a verdade é que se livrou também de uma série de tarefas bastante aborrecidas. Entre um coquetel com um general e um gim-tônica com um amigo...

Naquela noite, pensamos seriamente em mudar de casa. Tínhamos uma alternativa ali perto, em Santa Teresa. Mas era uma casa pequena, com paredes muito finas e com um nível de segurança muito mais precário. O melhor era se agüentar por ali, mesmo sabendo que iam intensificar a vigilância.

O sábado amanhecera muito bem. O governo tinha aceitado nossas exigências e conversávamos durante o café-da-manhã. Elbrick deveria escrever outro bilhete e eu sairia dentro em pouco. Falávamos animadamente sobre a história. Um dos amigos disse:

"É possível que a gente entre na história com esta ação."

"É possível", respondia eu.

"Tomara que você não caia agora, nessas últimas saídas."

"Tomara", dizia eu. "Estou perturbado com essa idéia de passar à história e, além do mais, se cair creio que vocês aumentariam, automaticamente, a lista para dezesseis nomes."

Todos riram. Não havia a mínima dúvida de que o embaixador não sairia dali vivo se um de nós caísse nas mãos da polícia e não partisse também para o México.

Ao meter o bilhete no bolso, o bilhete de Burke para Elviry, eu tinha uma preocupação extra e não era exatamente minha queda. Baiano, o jardineiro, já havia partido nos primeiros dias. Alugara um quarto através do JB.

Pensava em Helena, que, generosamente, se oferecera como fiadora da casa. A casa iria cair, mais cedo ou mais tarde. Era preciso avisar Helena. Era preciso fazer uma porção de coisas ao mesmo tempo que desempenhava as tarefas finais do seqüestro. Se a casa iria cair mesmo, todo o grupo precisaria de um lugar para dormir no domingo. Eu próprio não sabia ainda para onde escapar.

Quando é que uma pessoa está sendo seguida? Quando é que uma casa está sendo fotografada? Difícil dizer. O limite entre a paranóia e o bom senso se esvai. Aquele homem que passa de macacão pode ser um operário, mas pode ser um militar disfarçado. Aquela camioneta de uma padaria pode estar cheia de pão para entregar aos clientes, mas pode estar cheia de policiais nos vigiando. E as pessoas que te olham com cara feia porque estão mesmo de mau humor? E os encontros acidentais que se dão na rua? E os guardas de trânsito que realmente estão querendo saber se o exame de vista está em dia? E o barulho de portas se fechando às suas costas? E a sensação de que, no escuro daquele quarto, através da janela aberta existe um par de olhos te olhando? E aquela mancha preta que se mexeu na grama, pelas alturas de Santa Teresa, não pode ter sido uma teleobjetiva?

Com o bilhete no bolso, passei pela casa de Helena. Era a casa de sua mãe. Estava talvez um pouco sujo e mal consegui romper o bloqueio dos empregados. E no entanto o que tinha a dizer a dona Helena era bastante importante. Mais tarde, então, telefonaria.

Quem parecia estar muito bem, naquela manhã de sábado, era Charles Burke Elbrick.

Querida Elfie

Fui informado de que o governo cedeu às exigências dos que aqui me têm seqüestrado. Esta é uma boa notícia, pois significa que serei posto em liberdade, tão logo se confirme a chegada ao México de quinze prisioneiros libertados.

Espero estar logo contigo.

Burke

No primeiro bilhete, sua mulher se chamava Elviry — nome completo de quem talvez nunca mais se encontrará. Neste último, ela se chamava Elfie — o apelido de quem provavelmente estará nos seus braços em pouco tempo. São pequenos detalhes que não me escapavam e, certamente, não devem ter escapado à mulher de Elbrick. Quem vive muitos anos junto com outra pessoa acaba desenvolvendo muitos códigos particulares, que, às vezes, até dispensam as palavras. A senhora Elviry deve ter compreendido toda a situação do marido através dos bilhetes, deve ter tido acesso, graças à convivência, a mil bilhetes secretos que estavam inscritos nesses dois jogados pelos caminhos.

Querida Helena: se você pudesse adivinhar que esta casa está para cair e pudesse desaparecer daqui, o mais rápido possível. Se você pudesse pegar esse carro amarelo, meter todas as suas coisas dentro, sem fazer nenhuma pergunta, apenas intuindo...

Deixei o bilhete de Elbrick na praça Demétrio Ribeiro, em Copacabana. Liguei para alguns jornais. Comecei pela *Última Hora* e o redator me aborreceu com perguntas. Disse apenas: "Ô, rapaz, não aborrece, a mensagem está lá e pronto".

Quando voltei à Barão de Petrópolis, o carro de Helena estava estacionando. Corri e ainda consegui detê-la nas escadas. A turma de São Paulo não a conhecia e poderia ser um deles que estivesse de plantão, junto à porta da frente. Helena desconfiava de nossa participação no seqüestro, mas não imaginava que o homem estava guardado ali. Saímos juntos, subindo a Barão de Petrópolis para tomar uma coca em Laranjeiras. Fomos bastante fotografados naquela saída.

Já na prisão, ao chegar no Cenimar, transferido de São Paulo, senti um certo clima de excitação. Quase toda a equipe que trabalhara na tocaia da Barão de Petrópolis estava por ali. Um deles, um jovem oficial, me disse que estava nos seguindo Barão de Petrópolis acima, mas que fiz um movimento muito brusco, olhando para trás, e ele supôs que tivesse sido descoberto. Imediatamente, retirou seu carro de circulação, pois achou que estava queimado. Eles trabalhavam de acordo com um padrão técnico e dificilmente relaxavam. Disse para ele:

"Vocês eram felizes, pois quando um carro se queimava podiam trocá-lo imediatamente. A gente tinha que roubar outro ou andar a pé, duas alternativas bastante incômodas."

Mesmo sem dizer que o embaixador estava conosco, preparei Helena para o pior. Marquei um encontro com ela, para 24 horas depois. Ao mesmo tempo que falava sobre o perigo que corria, pedi que me desse um quadro da situação no Rio. E ela disse apenas:

"É um clima de copa do mundo, ou de pelo menos um fim de campeonato. Tenho a impressão de que todos torcem pelo nosso time."

Enquanto conversávamos em Laranjeiras, no Aeroporto Militar do Galeão o *Hércules* da Força Aérea levantava vôo para a Cidade do México. Algemados e famintos, mas com uma cara de felicidade, partiam os quinze prisioneiros políticos. Sem suspeitar de nada desse mundo, pois não tive tempo de avisá-lo, o dono da Kombi, Amazonas, rastejava na grama ao lado do aeroporto. Fora designado para fazer a cobertura pela *O Cruzeiro* e, juntamente com o fotógrafo, resolveu conseguir uma foto que não fosse a oficial. Quando voltaram de seu passeio pelo mato, foram cercados pela polícia da Aeronáutica e ficaram detidos por mais de três horas.

O sábado transcorreu, portanto, num clima de tranqüilidade, não tanta quanto Burke deixou entender no seu bilhete a Elviry, mas com a sorte ainda do nosso lado.

Os problemas começaram quando tudo realmente parecia terminado. Era domingo, as agências emitiam a radiofoto da chegada dos prisioneiros políticos, o governo cumprira o papel que lhe fora destinado. Dentro da casa, Toledo ainda escrevia um manifesto no fim da manhã. Eu deveria sair com o manifesto, tentando uma publicação posterior à libertação do embaixador. Sentia o ar muito pesado fora da casa e ainda tentei argumentar. Meu conhecimento da imprensa, pelo menos da imprensa sujeita às pressões militares, indicava que ninguém publicaria o manifesto. Íamos gastar nosso latim, para usar uma expressão que a geração dele entendia bem. O primeiro manifesto saíra porque tínhamos o embaixador nas mãos. Quando as edições da manhã estivessem circulando, ele já estaria livre e ninguém estaria mais interessado no que tínhamos a dizer. E, mesmo se estivesse, os militares desaconselhariam.

Logo após o almoço, e um pouco a contragosto, saí para deixar a última mensagem do grupo, um manifesto um pouco mais agressivo que o primeiro. Confesso que não o li atentamente. Com o tempo, você acaba sabendo onde se vai parar: uma frase puxa a outra, o primeiro parágrafo desemboca no segundo, que prepara o terceiro, num encadeamento mais do que lógico: inevitável.

Tudo era muito estranho em torno daquela casa e, no entanto, não dava para convencer um observador que estivesse fora da ação de que tudo era muito estranho. De vez em quando passavam algumas pessoas, de vez em quando baixavam alguns carros. E daí? Passam pessoas e baixam carros em quase todas as ruas do mundo. Mas senti que o movimento era, levemente, mais intenso que o normal, que, na casa vizinha, também havia uma certa excitação, um abrir e fechar de janelas incomum aos domingos.

Já estava levando comigo alguns documentos pessoais no bolso. Enquanto procurava um lugar adequado para deixar o manifesto, um lugar adequado para telefonar para os jornais, ia rasgando, pacientemente, meus documentos. Aquela pessoa da foto, com os óculos da década de 50, com a gravatinha só para o passaporte, estava prestes a desaparecer. Meu pai costumava dizer que eu sempre me metia em maus lençóis. Lembrei-me daquela frase de Minas, enquanto cavava a areia, embaixo de um banco de praça, para depositar o manifesto.

Dentro em breve, minha carteira de identidade falsa ficaria pronta e eu poderia até olhar com certo distanciamento aquele jornalista que se metera em maus lençóis. Havia entretanto muito o que fazer na casa. Era preciso limpar tudo, pois tinha a sensação de que ela cairia poucos minutos depois de sairmos com o embaixador.

Gavetas inteiras por esvaziar. Toledo me ajudava rasgando papel e jogando na privada. É uma atividade irritante que, infelizmente, tive de enfrentar de novo, em várias etapas de minha vida. Compreendo, agora, a paciência de Toledo — ser da oposição e viver na clandestinidade é também aprender a rasgar suas anotações e jogá-las na privada, incessantemente.

O tempo era muito curto. Elbrick estava bem fisicamente, mas me pareceu um pouco tenso. Creio que temia o mesmo que eu: o absurdo. Depois de tudo pronto, poderia haver um acidente e teríamos de morrer, já sem nenhuma razão para isso. Era melhor para ele aquela tensão do que o marasmo da espera. Perguntamos se não queria se barbear e ele topou. Sua gravata havia se ensangüentado com o golpe e ofereci uma de minhas gravatas, que, de qualquer maneira, não usaria mais.

Jogávamos contra o tempo. Havia uma partida de futebol no Maracanã e era preciso alcançar exatamente a saída. Alguém teve uma idéia que nos arrastou mais alguns minutos:

"Gente, ele não pode partir daqui sem que a gente dê uma lembrancinha."

"É verdade", dissemos todos.

O peso da cultura. A cidade já tomada pela polícia, a partida de futebol chegando ao final do primeiro tempo e nós ainda procurávamos uma lembrancinha para o embaixador. Resolvi tentar a estante de livros, onde nada parecia muito adequado também. Felizmente, havia uma edição de bolso dos poemas de Ho Chi Minh, em inglês. Restava apenas encontrar o tom da dedicatória. Querido embaixador? Ao nosso prisioneiro?

Os carros que iam dar cobertura à operação já haviam estacionado nos altos de Santa Teresa. A rua estava carregada. Mesmo um simples vendedor de drogas poderia perceber que existia algo de errado no ar. Um movimento mais intenso ainda, pessoas andando excessivamente devagar. Chegavam à nossa casa alguns companheiros que iam juntos no carro da frente, quer dizer, no carro principal. Todos de metralhadora.

Não creio que possa existir algo mais exasperante para uma pessoa do que o ritual de se aprontar, sabendo-se que será abandonado num canto da cidade pelos seus seqüestradores. Burke Elbrick estava de pé no quarto, ainda vestido com sua camisa branca e preparando-se para colocar o paletó. Fizera a barba, seu rosto estava bastante saudável, apesar do curativo na testa — um pequeno band-aid.

"E se houver um acidente agora?"

Vira essa boca pra parede. Um acidente, agora, seria uma tragédia. Enquanto a palavra *tragédia* ainda morria nos meus lábios, alguém começou a preparar a venda que ele usaria nos olhos. Era uma figura imponente, com o paletó escuro, uma venda também escura nos olhos, um band-aid na testa e a camisa branca desabotoada no colarinho. Parecia nossos heróis das histórias em quadrinhos — não eram todos americanos? —, ao serem capturados pelos inimigos. A diferença é que seria libertado dentro de alguns minutos e nossos recursos cênicos, afinal, eram bem inferiores aos de um filme de segunda categoria. Discutíamos minuciosamente a saída e faltavam quinze minutos para terminar a partida de futebol. Nos últimos minutos ficaram apenas três pessoas com ele: os dois que o levariam no carro principal e eu que fecharia a porta da casa e sairia também.

Os carros estavam prontos para baixar e ainda aproveitei os últimos segundos para rasgar alguns papéis, examinar um ou outro livro com dedicatória. Cláudio reclamou ao sair para a varanda, pois deixara seu paletó na sala. Não entendi bem por que tanta preocupação com um paletó. Era possível arrumar um outro com facilidade e só íamos usar paletó de novo num outro seqüestro. Quando dei o balanço mental do que consegui tirar e do que ainda ficaria na casa, tive uma sensação de derrota.

A cena final na casa é inesquecível. Dois companheiros postaram-se na saída da porta com Elbrick. O dia tinha morrido e eu os via um pouco à contraluz. Elbrick estava impassível com seu paletó e sua venda, e os carros começavam a baixar. Primeiro viria o carro com o motorista apenas, e nele Elbrick entraria com os dois companheiros. Depois viria o carro com um grupo mais Toledo, e, finalmente, o carro da cobertura, com as metralhadoras, granadas e tudo. Esperávamos no topo da escada, porque os dois baixariam com ele assim que o carro estacionasse na porta.

O primeiro carro estacionou e os três começaram a baixar as escadas, lentamente. Elbrick parecia um cego, guiado por dois guias bem menores que ele. Tudo muito discretamente, dentro dos limites, é claro. Um avançava na escada e ia indicando os passos que ele deveria dar; o outro conduzia suavemente pelo braço, no momento de trocar de degrau. Fechei a porta e nem olhei para trás. O segundo carro já estava em movimento e entre ele e o terceiro carro, o da cobertura, se interpôs uma camionete da polícia — uma Rural Willys.

Assim que o carro com Elbrick arrancou e os três entraram

em movimento, fechei a porta de baixo e me preparei para fugir a pé, tendo no bolso um revólver Taurus e nenhuma idéia de onde dormir aquela noite, pois ainda dependia de um ponto de segurança no Leme. Os homens poderiam parar sua Rural Willys e me prender ali na rua. Felizmente, os companheiros do segundo carro, que os tinham visto pelo espelho, resolveram reduzir a velocidade e abrir a porta, indicando claramente para mim que era para aproveitar a carona. Atravessei a rua, entrei no carro e segui com eles. O carro com Elbrick estava mais ou menos a uns oitenta metros, e a polícia queria nos ultrapassar. Começávamos a dançar na Barão de Petrópolis para impedir a ultrapassagem. Estranhos motoristas aqueles. Um tentando ultrapassar o outro, ambos viajando a uma velocidade de não mais de trinta quilômetros por hora, e ninguém parecia irritado. O que era aquilo? Cena de um filme, combinação de amigos que decidiram se divertir na Barão de Petrópolis, num domingo à tarde?

Quando paramos no sinal luminoso, ao pé da Barão de Petrópolis, o carro da cobertura ultrapassou o da polícia e se colocou na posição adequada. A ordem agora era a que desejávamos. Se a polícia conseguisse se manter entre os dois carros, as coisas poderiam se complicar dali por diante. O carro da polícia fora ultrapassado quando parou diante do sinal vermelho. Foram momentos de tensão: as armas apontadas da Rural Willys e as armas apontadas do carro da cobertura. Assim que o sinal abrisse, nosso carro sairia de cena. Mas o sinal parecia durar uma eternidade.

O cortejo virou para a direita e nós viramos para a esquerda. Rumamos para a cidade, enquanto eles se afundavam para a zona Norte, na ordem conseguida ali no sinal: em primeiro o carro do Elbrick, seguido pela cobertura e, finalmente, a polícia. Era preciso, entretanto, aproveitar a multidão saindo do Maracanã para deixar Toledo num lugar seguro. A Rural Willys poderia estar equipada de rádio e, além do mais, quem poderia nos garantir que não resolveram nos acompanhar? Somente quando sentimos que ninguém estava em nosso encalço é que nos metemos num daqueles engarrafamentos de fim de partida e fizemos Toledo saltar numa esquina. Ele saiu calmamente, com sua pastinha, sua pistola pendurada nos suspensórios e nos sorriu com uma cara de menino travesso, antes de sumir na escuridão do domingo.

Será que chegaríamos à idade de Toledo? Será que usaríamos nossa pistola nos suspensórios e iríamos preparar arroz-de-carreteiro nos futuros seqüestros? Antes do exílio, eu me perguntava muito o que é que eu seria no futuro. O exílio atualizou brutalmente essa pergunta, de forma que agora, todos os dias, me interrogo sobre quem sou eu. Naquele momento, depois da partida de futebol, ninguém queria muito discutir isso. Meu companheiro de Volkswagen era um excelente motorista mas detestava a metafísica.

Saltei do carro em Copacabana e decidi voltar a pé, em direção ao Leme, onde tinha um ponto de segurança. Encontrei Zé Roberto e comuniquei que a casa estava praticamente caída. Nem sequer chegamos a tirar a Kombi da garagem, pois não andaria cinco quilômetros e já teríamos helicópteros em nosso encalço. Pensava em dormir na casa, pensava mesmo em continuar ali, editando o *Resistência* na off-set que compramos e jamais chegamos a usar.

O embaixador provavelmente já estaria em sua casa a essa altura. Estávamos despojados de todo o poder que tínhamos havia apenas alguns minutos. Era a vez dos homens. E caíram sobre nós com uma rapidez fulminante. Decidi ir dormir na casa de um amigo em Copacabana. O amigo se chamava Porta da Percepção, porque uma vez experimentara LSD. Disse a Zé Roberto que dormiria na casa do Porta e que, na manhã seguinte, nos encontraríamos para buscar um lugar definitivo. Apesar de ter rasgado toda a papelada possível, a polícia encontraria meu nome em questão de minutos.

Helena já estava sendo seguida. Tivemos um encontro no Posto Dois. Havia apenas alguns minutos ela escapara por milagre. Saiu de braços dados com um homem de uma farmácia e jogou-se dentro de um ônibus. Ainda no ônibus, viu que a polícia cercou o homem e o prendeu. Ele queria apenas ajudar, pois ela dissera que estava sendo seguida por desconhecidos.

O primeiro de nós a cair foi Cláudio. Um pouco antes dele, caíra Baiano, o jardineiro. Os homens invadiram a casa da Barão de Petrópolis e recolheram o exemplar do JB recortado na página dos pequenos anúncios. Foram imediatamente à coleção do jornal e reconstituíram o anúncio rasgado, com endereço da pensão. Era fácil distinguir o Baiano entre os outros, pois havia se mudado recentemente e, além do mais, tinha voltado à casa para me procurar e fora fotografado nas escadas.

Cláudio tinha razão em se preocupar com o paletó esquecido na Barão de Petrópolis. A polícia recolheu o paletó, estudou a etiqueta, foi ao alfaiate que o confeccionara e conseguiu o endereço do dono. Cláudio vivia com os tios no Leme, sabia do perigo, mas não suspeitava que fossem funcionar tão rapidamente. A Marinha armou uma emboscada para ele no apartamento dos tios, e conseguiu prendê-lo mesmo armado, mesmo resistindo. Naquelas circunstâncias, talvez fosse melhor morrer. Cláudio ferira um oficial com um tiro de pistola e, além do mais, ia sofrer toda a pressão do mundo para dizer, rápido, onde estavam os outros, como tinha sido feito o seqüestro, enfim, matar em apenas alguns minutos a fome de informações que eles cultivaram durante dias. Quando o reencontrei na ilha das Flores, e o vi com o cabelo cortado rente à cabeça e com muitos quilos a menos, reconheci, de cara, todo o sofrimento que imaginara para Cláudio, naqueles dias de clandestinidade e tensão.

Charles Burke Elbrick estava vivo e bem. Li sua entrevista no jornal. Ele falou exatamente o que pensava sobre nós, sem se incomodar com as conseqüências. Elas viriam muito rápido. Algumas das conversações foram gravadas e estavam guardadas numa casa da rua Santo Amaro, em Santa Teresa. Quando o governo teve acesso às gravações, convenceu-se de que o melhor era pedir sua remoção do Brasil.

A casa foi devassada nos seus mínimos detalhes. Amazonas, mais uma vez designado pela *O Cruzeiro*, estava lá com o fotógrafo. Os homens vasculhavam tudo e permitiam que a imprensa tirasse algumas fotos. Depois de toda a desmoralização, estavam ansiosos para mostrar o máximo de eficácia.

Acontece que Amazonas desceu à garagem para ver a Kombi. Enquanto o fotógrafo tirava as fotos, Amazonas olhou aquela Kombi verde e pensou:

"Ué, engraçado, esta Kombi é minha."

Amazonas virou-se para o fotógrafo e disse:

"Amigo, tire algumas fotos a mais que vou até a esquina telefonar. Volto já."

Amazonas sumiu de vez. Na semana passada, esteve na Suécia, relembramos a história toda e ele achou muito engraçado. Temo que desapareça de novo e será difícil encontrá-lo para avisar que houve anistia no Brasil.

Muitos amigos foram atingidos pela ação. A família de Helena foi jogada nos porões do Cenimar. Todos os nomes que de alguma forma estavam ligados a nós passaram a ser suspeitos. Alguns jornalistas foram presos e torturados.

Os participantes da ação se dispersaram a partir da noite de domingo. Dois morreram: Toledo, sob torturas em São Paulo; Jonas, o comandante militar da ação, massacrado a pontapés pela equipe do capitão Albernaz, na Operação Bandeirantes. Alguns foram presos e liberados, depois de cumprirem a pena, outros foram liberados, por seqüestro, e vivem em lugares diferentes, no exílio. Alguns fugiram, e finalmente, um de nós enlouqueceu e perambula pelas ruas de Paris, de barba e cabelo grande. Sobrevivi. E pensei que talvez fosse interessante contar a história.

16. ONDE O FILHO CHORA E A MÃE NÃO OUVE

Depois do seqüestro do embaixador americano, caímos na mais profunda clandestinidade. Usávamos um termo para isso: entrar na geladeira. Aqueles que se queimaram com a ação, umas cinco pessoas, ficariam durante alguns meses dentro de casa, sem sair para nada, exceto, naturalmente, para fugir da polícia.

A passagem pela primeira casa foi muito rápida. Uma série de quedas dentro da Organização colocava o lugar em perigo. Zé Roberto veio me buscar e trouxe consigo um artista de teatro. O artista me cortou o cabelo e o pintou de louro. Os irmãozinhos punk que moram perto do meu prédio, se vivessem no Brasil na época, iam gostar tanto do corte irregular como do escândalo da cor. Quando saí do carro e cruzamos com algumas companheiras da Organização que me pegariam ali, me vendariam os olhos e me conduziriam à nova casa, senti que todas riam de mim. Para os padrões estéticos mais clássicos que vigoravam na época, estava horrorosa a nova figura que compunha. Era um riso carinhoso e, absolutamente, não me incomodou, a não ser no fundo, no fundo, onde as idéias dançam mais livremente. O que seria de mim, passando meses num mesmo lugar? E se não houvesse gente simpática em torno? Como sair para descobri-las, com aquele cabelo colorido e aquele corte tão singular? Essas coisas dançavam no fundo, porque não havia público para uma discussão aberta sobre elas. A idéia que se tinha era a de fazer a revolução, sacrificando os impulsos pessoais sempre que fossem obstáculo à causa, um risco para a segurança de todos.

A sorte estava, entretanto, do meu lado. Mesmo de olho fechado senti que não estava muito longe do mar quando cheguei à minha nova casa. E as pessoas que viviam no apartamento foram excelentes companhias para aquela longa temporada que começava.

Ao cabo de algumas semanas, saíram todos de casa e fiquei só, com a pessoa que morava lá. Ela se chamava Ana e simplesmente não consigo descrevê-la. Os primeiros meses de prisão foram todos gastos na tentativa de esquecer, e, talvez porque gostasse muito dela, consegui afastar os seus traços do consciente. Além do mais, dez anos se passaram: a imagem de uma pessoa vai se mesclando com outras que surgem pelo caminho; contornos vão se fundindo; alguns ângulos desaparecem completamente. Por isso que todo reencontro é um perigo.

De certas coisas práticas, por exemplo, lembro-me muito bem. O banheiro e a cozinha davam para o corredor do prédio. Em muitos apartamentos onde ficávamos na geladeira, não era possível sair da cama enquanto o dono não voltasse do trabalho. Isso porque as pessoas sabiam que o dono morava só e estranhariam qualquer barulho, num momento em que ele estivesse naturalmente fora de casa. No meu caso, entretanto, era possível andar descalço, preparar a comida, silenciosamente, e, às vezes, até tomar um banho. Desde que não fizesse o que um companheiro constantemente fazia: cantar no chuveiro. Ele era muito disciplinado em tudo, mas assim que a água morna começava a correr pelo seu corpo, disparava, irresistivelmente, a cantar músicas italianas. Às vezes, ficava em casas de professoras primárias, que viviam sozinhas há anos, e, com isso, despertava mil desconfianças no porteiro e nos vizinhos.

A realidade da geladeira era esta: fingir de morto, deslizar suavemente pela sala, preparar em silêncio um macarrão com sardinha, olhar o sol dentro de casa, partículas de poeira flutuando, arrumar tudo para que Ana encontrasse as coisas em ordem quando chegasse do trabalho. Não, toda a realidade não era essa. Falo apenas de uma faixa — o momento em que compreendia a brutalidade da vida de uma dona de casa, incessantemente reduzida à sua rotina.

Ana acordava às sete da manhã, descia para comprar o

jornal e um maço de cigarros Continental, que deixava sobre a mesa. Às vezes, tomávamos café juntos e aquele momento era um marco: a hora de Ana partir para o trabalho. O outro marco era, naturalmente, a hora de Ana voltar do trabalho. E muitas coisas, que poderiam acontecer no meio, regulavam-se por esses pontos de referência. Está na hora do almoço, pois Ana partiu há muito tempo; é preciso arrumar a mesa, pois Ana deverá chegar dentro de algumas horas. São incríveis as vantagens de quem parte, pois até o tempo de quem fica passa a existir em função dele. Ana trabalhava com altas matemáticas. O jornal e o cigarro eram comprados com o dinheiro de seu salário.

Durante esse tempo, poderia ter formulado mil planos de estudos, como os que se fizeram no exílio. Poderia ter aprendido um novo idioma, tentar dominar melhor os que já conhecia. Estávamos, entretanto, vivendo um período muito antiintelectual. A exaltação da ação armada, a desconfiança em torno das atividades exclusivamente políticas faziam com que muitos de nós, eu especialmente, tivéssemos até um pouco de vergonha de preocupações intelectuais.

Passava os dias ouvindo música, bem baixinho, no quarto de Ana. Mas não há disco que resista ao ouvinte que não trabalha. Aos poucos, foram ficando desgastados pela repetição. Num deles, Gil gritava Marighela. No princípio foi interessante reconhecer aquele nome, mais ou menos gritado às pressas, propositalmente, não articulado. Depois era fácil acompanhar a música que, dentro de alguns segundos, ia dizer Marighela. Finalmente, era insuportável ouvir aquele grito de Marighela, repetido mil vezes, ao longo daqueles dias. Sobretudo porque num deles a televisão anunciava a morte de Marighela, assassinado em São Paulo.

A morte de Marighela foi a reposta espetacular que o governo deu ao seqüestro do embaixador americano. Mas não foi a única. Inúmeras prisões tinham sido feitas, inúmeros apartamentos localizados, centenas de ligações foram estabelecidas e um colossal volume de informações novas ia caindo na mesa dos analistas, especializados no combate aos grupos armados. O cerco já estava armado e seus anéis iriam se apertando discretamente, às vezes até de uma forma insensível: não era toda a informação que resultava na queda de um militante ou de uma pessoa simpática aos grupos armados. Em muitos casos, alguém caía, sua queda levava a uma nova queda, mas o processo parecia se estancar. Respirava-se aliviado pois não se desejava outra coisa a não ser respirar aliviado para prosseguir as tarefas revolucionárias.

Nos quartéis onde se montou a repressão, entretanto, o progresso era visível. Na PE da rua Barão de Mesquita havia organogramas completos e multicolores das organizações visadas. Muitos deles correspondiam à realidade, alguns chegavam a detalhes de uma cruz vermelha sobre os mortos, de uma referência aos que estavam em Cuba se preparando para voltar. A documentação política recolhida no Cenimar, por exemplo, seria suficiente para contar a história da Ação Popular nos mínimos lances. Todas as idéias que circularam na Organização, todos os grandes confrontos ideológicos que a estremeceram estavam lá devidamente catalogados, em páginas mimeografadas a álcool, pois era essa a técnica dos documentos e tribunas de debates. Se um militante da AP fosse confrontado com aquele material, ele não teria dúvida em reconhecer a fidelidade da documentação. O Cenimar, entretanto, tinha um trunfo a mais: ele sabia exatamente, ou quase exatamente, quem eram de fato os autores escondidos por baixo dos nomes de guerra.

Tudo isso se passava enquanto Ana trabalhava, enquanto Ana ia assistir a um filme, enquanto Ana, quem sabe, saía para encontrar seus amores; essa estranha espécie de gente que anda normalmente pelas ruas como se as ruas fossem um lugar onde se pudesse andar... Dentro de casa, não tinha uma idéia da progressão da polícia e creio que também não a tinham os companheiros envolvidos nas tarefas cotidianas. Lembro-me de que no Brasil havia mosquitos. Todas as manhãs pousava um mosquito na mesa do café, depois da partida de Ana. Chamava-se Eduardo. Pensei várias vezes em matá-lo, mas não matá-lo a tapas, como se fosse um menino. Pensei em matá-lo com a razão, estudando pacientemente seus hábitos, registrando sua autonomia de vôo, seus reflexos diante de súbitos barulhos de faca e garfo, diante de repentinos focos de luz. Pensei em preparar uma armadilha açucarada para Eduardo, e ele seria o primeiro mosquito do mundo morto por uma sábia manipulação de dados a respeito de sua vida pessoal. Não me tomem a sério: jamais mataria Eduardo. Sei muito bem a falta que nos faz um inimigo numa situação como aquela.

Às vezes chegava o assistente. Ana buscava o assistente numa esquina e o trazia até a casa. O assistente sabia de tudo e dava o informe. Mas o informe era insatisfatório. Mesmo Ana, às vezes, se irritava comigo. As coisas que se perguntam, quando se está trancado em casa, irritam mesmo. As perguntas nascem uma das outras, insaciavelmente. Não são as respostas que realmente valem alguma coisa. É a vontade de viver o que o outro viveu em todos os seus detalhes, de que o outro tenha vivido toda a nossa fantasia sobre o lugar proibido.

As questões colocadas sobre a mesa, afinal, não eram muitas. A ofensiva da repressão tinha revelado também a extraordinária capacidade de ajuda mútua entre os grupos armados. Casas, carros, dinheiro e mesmo documentos falsos apareciam com relativa rapidez sempre que se invocava o problema da segurança. A ação do seqüestro havia sido feita por duas organizações políticas diferentes e mostrava, na prática, que era possível combinar forças. Além do mais, cada grupo tinha um responsável pelo desenvolvimento de uma política de frente que encaminhasse o ideal comum: a constituição de uma única organização revolucionária ou, pelo menos, a reunião de todas num só organismo. Apesar das constantes cisões que iam acontecendo, corriam permanentes boatos de fusões de grupos.

O seqüestro do embaixador americano, realizado no Rio, praticamente concentrou a atenção e os esforços dos órgãos de segurança para conhecerem melhor aquela organização que se intitulava MR-8. O Cenimar havia liquidado com o MR-8 e surgia um outro MR-8, com capacidade de realizar uma ação armada, o que embaraçou o governo da época. Nesse sentido, foram surpreendidos e era preciso recuperar o tempo perdido.

Tanto na Polícia do Exército, onde funcionava o DOI-CODI, como na Marinha, começou-se a trabalhar também com o MR-8, e alguns especialistas no conhecimento da Organização foram se formando rapidamente. Nosso destino parecia bem negro, a curto prazo. Num momento em que a segurança da Organização estava em risco permanente, lançar um daqueles queimados na rua era na realidade agravar mais ainda os riscos de segurança. Teríamos de ficar em casa, na geladeira, e mudar de estado.

Mas mudar quando? Ninguém poderia responder no momento. Era preciso muita paciência, pois dependeria de arranjos, contatos, da criação daquilo que, na época, se chamava infra-estrutura para a recepção de quadros muito queimados. Mesmo no Rio a situação se agravava, pois a polícia nos havia atingido e corriam notícias de torturas nas cadeias. Muitos simpatizantes que haviam marchado conosco talvez soubessem que fazíamos ações armadas. Mas quando nos viram ligados àquela ação armada, o seqüestro do embaixador, perceberam que estavam diante de um grupo que seria perseguido a todo custo. E não eram todos que estavam dispostos a correr os riscos que surgiam daí. Muitos nem sequer concordavam que o caminho adequado era a realização de ações armadas daquele tipo.

A morte de Marighela havia sido outro golpe de impacto. A técnica da propaganda policial era a de concentrar as atenções em torno de uma pessoa e transformar sua prisão num objetivo político palpável. Isso poderia dar a todos a certeza de que estavam obtendo vitórias parciais bem demarcadas e que caminhavam, portanto, para a vitória final. Muitas vezes conseguiram realizar trabalhos que viriam a ter mais repercussão real do que a morte de um líder. Mas estavam muito preocupados com a delimitação desses objetivos parciais, de forma tal que, logo após a morte de um, estimulavam a especulação sobre a ascensão de um novo líder, portanto sobre o novo objetivo da caçada humana que iriam realizar. Muitos atribuem essa tática à concepção militar da liderança, da importância do chefe. Outros vêem nisso uma manobra comum a qualquer guerra, isto é, a delimitação de algo nítido e reconhecível como um objetivo, algo que dê a visão de progresso e não seja apenas uma das incessantes escaramuças e pequenas conquistas cotidianas.

Ao lado das grandes personalidades, se bem que num plano inferior, o grupo que fizera o seqüestro do embaixador americano era também um importante objetivo político. Não tinha sentido, portanto, arriscar a sua pele em tarefas secundárias, no Rio de Janeiro. As organizações estavam por seu lado completamente despreparadas para indicar um conjunto de tarefas teóricas necessárias. As tarefas teóricas praticamente não existiam no horizonte das ocupações cotidianas. Eram vistas com desconfiança, apesar do nível geral ser muito baixo. Nenhum de nós havia lido *O capital*, nenhum de nós conhecia profundamente a experiência revolucionária em outros países, nenhum de nós, enfim, problematizara algum aspecto do marxismo, ou mesmo inventara um campo novo para pesquisar. Tendíamos a uma concepção muito estreita do movimento e muitos achavam, mesmo, que a ação era tudo. Pessoalmente, ao ler a trilogia de Isaac Deutscher sobre Trotski, fiquei escandalizado com os bolcheviques; Lênin pedira que Stálin fosse à Áustria, fizesse uma pesquisa e produzisse um artigo sobre as nacionalidades. Mesmo sem conhecer o texto de Stálin, achava que aquilo era um luxo, que era uma revolução altamente intelectualizada, comparada com a nossa e com a cubana. A cubana aparecia como o exemplo novo e revitalizante: uma teoria *post festum* e assim mesmo muito pouca.

Como é que um intelectual pode se negar tão profundamente? Passava os dias lendo jornais, fazendo planos para matar Eduardo e limpando *ad nauseam* meu revólver Taurus 38 que jamais disparei contra ninguém, mas que mantinha num estado impecável, como se me esperassem, a cada manhã, fantásticas batalhas campais, ali naquele apartamento de Ana, onde o único vestígio de luta eram as camas desarrumadas com a agitação dos nossos sonhos. Por sinal, estava na hora de arrumar tudo de novo.

Visto de longe, não há tanto o que lamentar em termos de livros e artigos que se deixaram de escrever ou ler, teorias que se perderam, idéias generosas que não foram socializadas. Isso seria uma lamentação típica da meia-idade, um desabafo existencial talvez até um pouco prematuro. A questão central era a de que uma estrutura política como aquela, fatalmente, em caso de chegar ao poder, iria entrar em conflito com os intelectuais, pois estava localizada num campo em que dificilmente poderia captar e estimular a riqueza da produção intelectual num país como o Brasil. Entrar em conflito ainda é um pouco de eufemismo. O poder, quando entra em conflito, de um modo geral parte para a repressão. E quem mais dedicado à repressão intelectual do que o intelectual que se nega? Quem mais capaz do que ele para orientar os seus inimigos? O assustador naquele período da exaltação ao militarismo foi o quanto andamos perto de uma visão muito rígida e burocratizante, incapaz de libertar não apenas as forças culturais dos setores onde atuávamos, mas incapaz inclusive de liberar nossa própria potencialidade.

O assistente não chegava a perceber a decadência que ia, lentamente, se instalando. O assistente era típico daquele período. Seu horizonte era a revolução, e seu pavor os problemas de segurança. Tudo que era problema de segurança ameaçava a revolução e tudo que adiasse a revolução era anti-humano. Uma lógica implacável. Se você queria se comunicar com um amigo através de um bilhete, o gesto era imediatamente catalogado na rubrica das necessidades pessoais e, se representasse alguma queda no nível de segurança, era anti-revolucionário. Ele começava por fazer você aceitar as premissas e, em seguida, embrulhar tudo naquele pacote das necessidades pessoais. Na realidade, o assistente tinha um profundo desprezo pelas necessidades pessoais. Ele fora educado numa tradição marxista economicista, onde a economia não era apenas o fator essencial, mas era tudo; onde as classes sociais não apenas definiam a história, mas pressupunham o completo esmagamento do indivíduo. O assistente, às vezes, ficava corado. Possivelmente eram fantasias eróticas subconscientes que hoje, com a ajuda de Marx, Engels e Lênin, já devem estar definitivamente massacradas no fundo da sua cabeça, de forma que nem corado deve ficar mais. Os burocratas de esquerda são muito cinzentos. É preciso tê-los conhecido, no Brasil e no mundo, para sentir seu cheiro à distância. E estávamos nos burocratizando, apesar das armas. Num certo sentido, foi bom não termos tido uma grande faixa de poder ao nosso alcance, pois os erros iriam liquidar nossas esperanças por muitos anos.

Minha responsabilidade era enorme, e só com o tempo fui reconhecendo horrorizado a dimensão de meus descaminhos. Fazia alguns poemas para Ana e olhava atentamente seus gestos antes de partir. Ana tinha um par de sandálias e eu achava maravilhoso o momento em que as colocava. Com as sandálias saía para a rua e, às vezes, voltava com os pés manchados de óleo, sujos de poeira ou mesmo com grãos de areia presos entre os dedos. Que bom poder sair, respirar ar fresco, caminhar pela praia, deixar que as ondas cubram suavemente nossos pés.

A vida de geladeira me lembrava a infância, quando nos prendiam no quarto com uma daquelas doenças inevitáveis: sarampo, caxumba, catapora. Ali ainda era possível olhar pela janela a chuva fininha caindo nas ruas de Minas, a tropa de burros transportando carvão, a cara do carvoeiro manchada de negro nas bochechas. Os adultos apareciam de tarde e de manhã, colocavam o termômetro não sem antes balançá-lo energicamente. Quando tiravam o termômetro e se aproximavam da claridade, discutiam em voz baixa. Trinta e sete e meio, normal; não, trinta e sete e meio ainda é febre. Não sabíamos o que significavam realmente aqueles números e nem aquela coisa fria debaixo do braço. Mas a palavra *febre* era definitiva. Com febre você não pode sair; enquanto você tiver febre você terá de ficar dentro do quarto. De manhã você tinha menos febre, de tarde as coisas pioravam. E isso era todo dia. Por que não enfiar aquele termômetro só de manhã?

Àquela altura os jornais já haviam publicado reportagens

relativamente extensas e exatas sobre o seqüestro do embaixador americano. O Rio de Janeiro ainda estava fora de propósito. Para onde ir? As coisas estavam nesse pé: iríamos para algum lugar que não fosse o Rio de Janeiro, dentro de algum tempo. Não sei se o leitor(a) já se meteu nessas complicações onde há muitas variáveis desconhecidas. Minha técnica é de abandonar algumas e me fixar na mais viável. Não me perguntava tanto quando sairia e sim para onde sairia. O problema do quando se resolveria depois.

Fiquei sabendo que iria para São Paulo e gostei muito da idéia. A ALN tinha alguns contatos operários e não sabia exatamente o que fazer com eles no momento. O grosso de seus quadros estava concentrado no trabalho armado, preparação da guerrilha no campo e na realização de ações de logística na cidade. Nós, que falávamos tanto na necessidade de organizar os operários, na importância de São Paulo, por que não cuidávamos daquilo temporariamente?

Era uma solução maravilhosa para quem estava havia tanto tempo dentro de casa. Em São Paulo estava o núcleo mais importante da classe operária, que chamávamos ternamente de "a *clop*". Alguns preferiam "a classe", mas *clop* soava melhor.

E, de São Paulo, talvez pudéssemos envolver a ALN num trabalho mais amplo de frente, lançando o jornal nacional, que continuava a ser uma das tarefas que nos pareciam prioritárias. Num certo sentido, a solução revelava ainda as distorções da época. A possibilidade de um trabalho no interior da classe operária de São Paulo, sobretudo entre os metalúrgicos, era vista como uma possibilidade menor, diante do gigantesco trabalho de implantação no campo.

Tudo muito bem, portanto. Aquela morte branca ia acabar e eu ressuscitaria na avenida São João, já com o cabelo voltando à cor natural, com um bigode para disfarçar e minha pasta com um Taurus 38. Creio que foi assim que desembarquei em São Paulo, deixando Ana para trás, possivelmente na janela, me olhando desaparecer. Despedi-me carinhosamente de Ana e puseram a venda nos meus olhos. Aproveitei os últimos segundos para apalpar o lado esquerdo da sua cara, na extensão que vai da ponta da orelha ao princípio do queixo.

A fachada que se montou para minha transferência para São Paulo foi perfeita. Éramos uma família com dois filhos, uma garota e um garoto. Não os conhecia, nem à mulher nem às crianças, mas fomos nos conhecendo pelo caminho. Antes de partir, discutira longamente minhas tarefas orgânicas em São Paulo. Seria o responsável pelo desenvolvimento daquele trabalho e pelos vínculos com a ALN. Os próprios operários iriam me receber e me guardar durante todo o período que estivesse lá. De vez em quando, alguém apareceria para uma discussão. Mas muito de vez em quando. Era preciso interpretar corretamente a linha da O. e, naturalmente, ter iniciativa para improvisar nos casos duvidosos.

No caminho para São Paulo fomos detidos pela polícia de trânsito. Haviam assaltado um banco no Rio e armavam uma barreira de rotina. Abriram o porta-malas, examinaram muito rapidamente o interior do carro e nos fizeram seguir. Estávamos tão tranqüilos, ali, comendo nossas frutas no caminho para São Paulo, que aquilo nos pareceu até mais uma arbitrariedade da ditadura: confundir uma família bucolicamente envolvida com suas laranjas e bananas com um grupo de perigosos assaltantes de bancos.

Todos sabem que São Paulo é conhecida por ter um ritmo muito mais rápido do que as outras cidades do país. Para quem havia estado encerrado durante meses num apartamento, aquele ritmo parecia quase que alucinante. São Paulo, assim no primeiro contato visual, era também a verdadeira cidade cosmopolita do país. Ali, a presença estrangeira não se reduzia a alguns turistas queimados de sol, aos nomes em inglês nas fachadas das lojas e clubes noturnos. Era uma presença cultural muito forte, não apenas no nível de jornais e cinemas dedicados às colônias nacionais, mas sobretudo na cozinha. O primeiro olhar é sempre superficial. Mas era evidente que o mundo estava se concentrando em São Paulo, se fôssemos considerar esse aspecto culinário.

O grupo de operários com quem ia trabalhar mandou um representante ao ponto combinado. Eu tinha apenas a pasta e uma pequena maleta. Um outro par de jeans, algumas camisetas, um ou outro livro que fui colhendo pelo caminho, papel e canetas. Estava realmente reduzido à pobreza máxima. O dinheiro que receberia era o dinheiro correspondente a um salário mínimo, pois era esse o salário que tocava aos quadros profissionalizados. Naquela mesma tarde, iria conhecer a casa onde ficaria temporariamente, até que alugássemos algo que pudesse funcionar como um aparelho em todos os sentidos — depósito de material e quem sabe até com um pequeno mimeógrafo para rodar os panfletos.

Quantos operários estavam envolvidos naquele trabalho? Era muito difícil precisar, pois nem todos os informes eram checados diretamente. Alguns tinham abandonado suas fábricas, por perseguição política, e tinham se profissionalizado também. Teríamos que conseguir dinheiro para três salários, para o aluguel da casa e para as inúmeras despesas extras que iam surgindo. Aliás era essa uma das constantes queixas do grupo. A ALN não destinava dinheiro suficiente para a frente de massas, pois estava envolvida até a cabeça no trabalho de montagem do foco guerrilheiro.

Os dois que se dedicavam integralmente à política tinham todos os contatos nas mãos e a maioria era de metalúrgicos que trabalhavam na indústria pesada. Eles já haviam passado por outras organizações e tinham se desentendido com quase todas. Chegaram até a pensar em fazer algo independente, próprio deles. Aliás, já naquela época surgiam, aqui e ali, grupos de operários que não queriam nada com as organizações existentes.

Quando esse grupo de operários deixava uma organização, os dois buscavam novos contatos e procuravam vinculá-lo de novo a um trabalho mais amplo, se possível de âmbito nacional. Eles se batiam contra o obreirismo mais elementar, que pretendia que somente os operários poderiam participar de uma organização e não precisavam de mais ninguém. Mas também era um grupo flutuante, pulando de galho em galho, como houve muitos, inclusive alguns armados. As organizações já não faziam grandes progressos, em termos de conquista de quadros novos. O que havia era uma grande mobilidade entre elas. De repente, a VPR era a maior organização do Brasil; de repente, essa organização já era o MR-8. Como o movimento social não apresentava nada de essencialmente novo, dava-se o que a gente chamava de um crescimento antropofágico. O avanço de uma organização era o resultado direto do declínio de uma outra.

O interessante, na realidade, era a combinação que ia se dando ali — um intelectual de Ipanema com metalúrgicos de São Paulo, radicalizados na luta contra o sistema. Aparentemente surgiriam mil choques, mas a impressão que tive foi a de uma relação riquíssima. Os operários conheciam de sobra os grupos que falavam em proletarização, os jovens da classe média que cortavam o cabelo curto, botavam uma calça mais larga, deixavam crescer uma costeleta, um bigode fino e se declaravam também proletários. Quase todas as organizações se lançaram nessa aventura chamada proletarização, que era a tentativa de transformar seus intelectuais em proletários, sem tirar nem pôr, incapazes de serem distinguidos no meio dos outros.

Não entrei nessa, nem a Organização estava especialmente interessada nessa política, naquele período. Ficou bastante claro que eu era um intelectual e que estava ali para dar uma colaboração, aprendendo muitas coisas com eles, pois em quase tudo que íamos nos meter, de agora em diante, eles sabiam mais do que eu. Além do mais, nas conversas que pudemos desenvolver, sempre andando pelas ruas de São Paulo, entre um ponto e outro, foi possível saber um pouco mais da vida de cada um.

O companheiro com quem mantinha um contato mais freqüente viera do Nordeste. Foi operário em São Paulo, passou por diversos ofícios e compreendeu, rapidamente, a miséria em que estavam envolvidos todos os trabalhadores que tinham vindo para a cidade, à espera de melhores dias. Verdade que muitos tinham encontrado melhores dias, mas as condições de vida que desfrutavam eram bastante precárias e as marcas de solidariedade que ainda traziam consigo foram desaparecendo ao longo daquela ascensão, cujo êxito às vezes podia ser reduzido a um pequeno número de eletrodomésticos.

O golpe de 64 representou para ele um golpe nas esperanças que depositava na liderança sindical e no Partido Comunista. Em muitos lugares, a direção, pura e simplesmente, abandonou o sindicato, deixando o caminho livre para os interventores da ditadura. O PC não lhe tinha parecido ser capaz de deter aquele golpe, nem muito menos de reagir a ele de uma maneira positiva. Tudo o que via eram destroços, precipitação, fuga desordenada, tentativa de encontrar bodes expiatórios. Com as lutas de 68, entretanto, surgiu uma nova liderança, apareceram também vários contatos novos. Ele foi atraído para um grupo dissidente do PCB e passou a atuar sistematicamente com ele. Mas as organizações que iam surgindo ali tinham, às vezes, uma visão um pouco errônea de como aproveitar os operários engajados. Executavam a política de pinçá-los da produção e integrá-los, profissionalmente, aos grupos armados. Alguns se queimavam definitivamente e, quando se desentendiam com uma das organizações, passavam para outra, realizando mais ou menos as mesmas tarefas. De forma que ali, já no princípio da década de 70, ele não era assim tanto um operário. Já se tornara um profissional. Inclusive, tinha tido tempo para desenvolver suas habilidades no violão e dava algumas aulas particulares.

Alguns aspectos da experiência daquele grupo foram deformantes. O principal era a mitificação operária feita pelos intelectuais e estudantes da classe média. Pequenas organizações trotskistas, por exemplo, conquistavam um operário para suas fileiras e ficavam impossíveis. Às vezes, ia toda a direção da organização visitar o "seu operário". Em muitos casos, divergências políticas terminavam com esta frase: vamos consultar nossas bases operárias.

Nem sempre as bases operárias podiam somar mais do que cinco pessoas. Mas eram apresentadas na discussão como base e, às vezes, se saltava para uma abstração maior: setor operário. Um pouquinho de imaginação, um pouco de discussão acalorada e o setor operário passava a ser "os operários" ou mesmo "o proletariado". De repente, você era identificado com uma posição e garantiam que era uma posição antioperária, que não tinha o apoio do proletariado.

Os operários sentiam aquela excessiva importância individual que estavam adquirindo. Mesmo nas relações sentimentais, surgiam pessoas que queriam transar com um operário ou uma operária, porque afinal queriam ligar suas convicções à sua prática amorosa. Nada de pessoal nisso: queriam um operário como se quer um louro, um moreno ou um asiático.

No meu caso, não tinha forças suficientes para reverter aquela tendência. Minha retaguarda era aberta em mil flancos. Alguns estudantes se consideravam operários e me viam como um intelectual que tinha se passado para o seu lado, mas ainda não se curara completamente de suas deformações. Algumas vantagens, entretanto, eu tinha. Jamais me seduziu a idéia de me passar por operário. Nasci e me criei num bairro operário, de trabalhadores da indústria têxtil. Vi processos históricos como a desapropriação dos seus teares e sua absorção nas grandes fábricas. Exatamente como no primeiro tomo do *Capital*, só que diante do meu nariz e com os teares sendo puxados pelas janelas e metidos nos caminhões da Meurer, Moraes Sarmento e outras. Conheci operários simpáticos, operários insuportáveis, e não tinha muita razão para idealizá-los. Mas, ainda assim, uma certa insegurança pairava no ar, um medo de me meter nos descaminhos, em encruzilhadas que, mais tarde, cinqüenta anos depois, mostrariam que neguei a perspectiva operária.

Mas os operários tendiam um pouco a uma visão romântica deles próprios. Várias vezes falei contra o processo de proletarização. Era estúpido. As pessoas se identificarem com os operários tais como os operários existiam então. E o operário que existia então era o operário que a burguesia construiu: culturalmente despreparado, violento em muitos casos. A identificação com o operário, sem uma visão crítica do operário em si, era muito mais um processo autopunitivo do que, realmente, uma escolha inteligente.

Quase todos concordavam com isso. E formulavam diferentes visões sobre como o operário deveria ser. Claro que todas elas, diante do que é realmente um operário, num país ocidental desenvolvido, eram bastante pobres ainda. Sob muitos aspectos, o quadro ideal que traçavam era marcado pela modéstia, pelos horizontes que a própria pobreza limitou. Mas estavam muito à frente do quadro ideal traçado por um estudante radical da classe média que ainda trabalhasse com todos os preconceitos disponíveis sobre os trabalhadores.

Aqueles trabalhadores musculosos dos cartazes maoístas, aquelas mulheres sofridas e conscientes dos documentários do realismo socialista ou jamais existiram ou já estavam desaparecendo no tempo. Nada melhor do que São Paulo para mostrar isso — *blue jeans* já eram indústria rentável; antenas de televisão pululavam aqui e ali; rádios de pilha eram vistos nos braços de muitos, nos domingos à tarde. Os cartazes do princípio do século falavam agora de uma outra realidade: a realidade mental de um setor da classe média urbana, que acompanhara a marcha do tempo através dos livros da Editora Vitória, dos filmes soviéticos passados nas cinematecas suburbanas, dos artistas que o stalinismo consagrara.

A miséria, entretanto, era ainda bem visível, e a casa onde fiquei nas primeiras semanas era uma expressão dela. Com dois cômodos, uma sala e um quarto, abrigava o casal de operários, sua filha maior, duas crianças e a avó. O dono da casa era operário na construção civil, a filha trabalhava na indústria têxtil. A mãe e a avó das crianças passavam o dia em casa. O casal usava o quarto e os outros dormiam na sala. Não havia água corrente, mas um poço no fundo do quintal.

Naquelas poucas semanas em que me foi dado viver entre aquela família, fui aprendendo outras realidades, que mais tarde tornaram-se cristalinas, mesmo para um conservador. A principal delas era a presença da televisão. Dormíamos todos na sala, mas até as dez e meia da noite a casa era presidida por aquele pequeno aparelho, que polarizava todos os sonhos, atenuava todos os cansaços da fábrica. Primeiro, víamos o jornal, com notícias de todo o mundo. Era um locutor bonito, com uma voz cheia e solene que ia nos comunicando o curso das coisas, enquanto as imagens passavam diante dos nossos olhos. O que ele dizia não era tão importante quanto a forma como dizia, a cara com que dizia, as imagens que iam se projetando na tela. O mundo era um espetáculo, mil vezes mais fascinante e rico do que nossas vidas monótonas e incolores. Depois do jornal, vinha a novela, se me lembro bem da ordem. A novela trazia uma outra dimensão: o amor interpessoal, a ternura, o romantismo e, por que não? alguns sofrimentos e lágrimas. As pessoas choravam, se comoviam, ali naquela sala, e isso até uma certa hora. Quando o aparelho se apagava, o peso do mundo se abatia sobre nós. Éramos de novo reduzidos às nossas vidas pequenas, aos problemas prosaicos daquela sala: dali a pouco dormiríamos; a avó roncaria; os filhos choravam; ruídos e secreções noturnas humanas, muito humanas, ocupavam o lugar dos suspiros da heroína, da música tranqüilizante de um anúncio imobiliário. Quando acordávamos, os nossos problemas estavam indissoluvelmente ligados: a febre do garoto, o ciúme do herói, a dor nas costas produzida pelos teares e a dúvida sobre se a heroína, realmente, está interessada em outro homem.

O que era realidade, o que era fantasia? Aquelas semanas foram importantes para desenvolver algumas idéias que, certamente, mais tarde seriam execradas pela esquerda de Neanderthal. O avanço na televisão aparecia para mim como um avanço do nível de vida material dos trabalhadores, ou, pelo menos, do nível de vida. Eles necessitavam do feijão e também do sonho. Antes, o que nos provia do sonho era o circo, no máximo a novela de rádio. A televisão entrara com algo muito novo. Não era apenas um aparelho que se comprava: comprava-se também o veículo para mercadorias culturais extremamente sofisticadas, produzidas no exterior e colocadas na sua sala sem nenhum acréscimo no preço. Os trabalhadores experimentavam a televisão como uma melhoria real de vida, e a televisão avançou celeremente durante os anos de ditadura.

Parecia muito importante compreender isso. O sonho é tão necessário para a reprodução da força de trabalho como a arte é necessária, de um modo geral, para a sociedade. Era preciso entender que o Brasil passava de um analfabetismo real para um alto grau de sofisticação visual, o que nos colocaria problemas específicos de propaganda política; e era preciso entender que uma revolução vitoriosa não poderia fazer aquele nível técnico e artístico recuar ao realismo socialista. Se o fizesse, automaticamente encontraria resistência dos trabalhadores, que iam sentir a revolução como o seu contrário, como um atraso. Nas minhas fantasias mirabolantes, podia até imaginar televisões clandestinas emitindo os programas que atrairiam, de fato, as massas de telespectadores. A idéia geral que estava por baixo das preocupações era a seguinte: para trás não se pode ir; a única saída para a televisão brasileira era incorporar o alto nível técnico que havia sido desenvolvido para levá-la muito adiante, às dimensões a que jamais tinham sido levadas até então. Isso não tinha nada a ver com as televisões do socialismo real, cujos programas tivera a oportunidade de ver no meu curso na Inglaterra.

O tempo foi curto para desenvolver as observações. Passei o Réveillon de 1970 naquela casa operária de São Paulo. Tomávamos cerveja, cantávamos baixinho para não acordar as crianças. A avó me contara que, em 1932, ela já conhecera gente fugindo da polícia. Não quis dar a entender que eu estava fugindo da polícia, mas percebi que ela intuíra tudo. Todas as manhãs, eu saía de casa dizendo que ia procurar trabalho. Andava pelo centro de São Paulo, horas e horas, entre um encontro e outro. Na maior parte do tempo, não tinha o que fazer. Éramos muitos nessas condições. Lista, um companheiro que partiu no mesmo seqüestro para a Argélia, contou que morava numa pensão e saía todas as manhãs às sete horas para um trabalho hipotético. Às vezes, quando dormia um pouco mais, a própria dona da pensão o acordava, "para que não chegasse tarde ao seu trabalho".

Naquele Réveillon, que fora o último em liberdade no Brasil, cantava baixinho sabendo que, dentro de uma semana, teria uma casa própria para montar os mimeógrafos, guardar as armas que fossem necessárias, editar panfletos e, quem sabe, lançar o *Resistência*. Em nossa organização, tinham grande sucesso os argumentos numerados. Por exemplo, se você quisesse dizer que algo era correto por duas razões, era sempre bom dividir em 1) e 2). Dava mais crédito ler a coisa assim dividida. Nossos sonhos e esperanças eram numerados. Daniel dizia que era preciso ter três confianças: na Organização, nos companheiros e na revolução. Na noite de 31 de dezembro de 70, dormi depois de algumas cervejas, imbuído das três confianças e pensando em editar meus panfletos a álcool, enquanto o país se divertia em cores, ao som de um musical da Broadway.

A casa que conseguimos era bastante boa para o que pretendíamos. Tinha dois cômodos grandes, uma cozinha com teto bem alto e, sobretudo, condições ideais de fuga, caso fosse atacada pela frente: dava para um campo aberto com uma vegetação rasteira, alguns arbustos que poderiam confundir o perseguidor. Não imaginava, absolutamente, que fosse cair — era uma casa para morar. Nela ficaríamos eu e Paulo, o operário que havia me recebido.

Com o dinheiro que trouxera do Rio, demos entrada e pagamos dois meses de aluguel. Conseguimos alguns sacos de dormir e havia a mesa. Ainda não começara a fazer comida em casa. Normalmente, comia na casa onde estava, ou então num restaurante barato. Nesse campo, São Paulo não apresentava nenhuma dificuldade: as coisas eram mais fáceis de ser encontradas e as lanchonetes populares existiam em quase todos os pontos da cidade que pude conhecer. Naquele momento, era fundamental ter a casa para dormir e receber uma ou outra pessoa que, por acaso, viesse do Rio.

A semana que ocupei aquela casa branca passou muito rápido. Zé Roberto viera do Rio e comunicara em detalhes algumas transformações orgânicas que o MR-8 sofrera. Nada de muito fundamental, apenas uma ênfase ainda maior no trabalho operário e no trabalho armado. Abandonavam-se lentamente as camadas médias, o movimento estudantil e os intelectuais. Havia pouca gente para tudo e o setor entrava num profundo marasmo. Abandonaríamos nossa classe mas, dentro em breve, estaríamos nos braços de outra. O único grilo seria ficar no meio do caminho, perdendo a que ficou e sem conquistar a que se buscava. Zé Roberto comentava calmamente esse perigo e achava que talvez não fôssemos os bolcheviques, usando uma comparação com a revolução soviética. Era muito possível que fôssemos os últimos populistas que partiam para o encontro com o povo e eram esmagados nos seus sonhos utópicos. Os sonhadores do absoluto — como Marx dizia.

Éramos ou não os sonhadores do absoluto? Íamos ou não ser esmagados em pouco tempo, agora que tínhamos perdido nossa classe de origem e apenas conseguíamos beliscar a classe eleita? Questões que se discutiam ali, olhando para o quintal da casa, para os campos do fundo. Eram questões inteligentes e corajosas, mas apenas sussurradas. Não que temêssemos uma enxurrada de críticas e conselhos sobre nossa fraqueza ideológica: num certo sentido, a Organização era aberta para investigações e perguntas variadas. Nosso inimigo principal éramos nós próprios: se começássemos a perguntar, eu continuaria tentando organizar um pequeno grupo de operários ali, naquela rua esburacada de São Paulo? O espírito de sacrifício necessário à revolução não abriria caminho para os anseios pessoais, para a decadência no sentido do individualismo total? Pensar era um perigo, pois desconfiávamos da verdade.

Comentei algumas histórias de revolucionários desesperados, lembrando-me de um livro que caíra na minha biblioteca, na casa da Barão de Petrópolis, *Política e crime*, do poeta alemão Hans Magnus Enzensberger. Zé Roberto ouvia atentamente. Tinha sido transportado para São Paulo no carro de um amigo. O amigo estaria esperando dentro de uma hora. Conseguimos, nos minutos que nos restavam, mudar o curso da discussão, de tal forma que, nas despedidas, falávamos até que nos encontraríamos depois da tomada do poder para relembrar aquelas dúvidas. Era preciso que ele partisse animado e que eu ficasse animado. Nossas opiniões contavam muito. Gostávamos de ironizar a revolução e a nós também. Isso não era comum, nem aconselhável com qualquer interlocutor.

Zé Roberto partiu naquela tarde e imaginei que pudesse talvez não encontrá-lo depois da tomada do poder. Não imaginei, entretanto, que jamais fosse encontrá-lo, independentemente da tomada do poder.

O que foi possível fazer naquela casa foi muito pouco. O que havia de comprometedor também era muito pouco. Apenas um velho jornal onde rabiscara algumas palavras: frente de camadas médias, penetração no *clop*, coisas que mais tarde iriam me aborrecer.

Paulo saiu de manhã e voltaria às quatro horas da tarde. Não voltou. O que se devia fazer num momento desses era esperar o teto de segurança, duas horas mais, e partir para sempre daquele lugar. Não contava com a queda de Paulo. Fui a um encontro com o segundo operário de nossa base, José, e coloquei a questão. Ele também não contava com a queda. Desenvolvíamos exatamente os argumentos que queríamos desenvolver. A casa havia sido recém-alugada. Gastara nela quase todo o dinheiro que trouxera do Rio. Era um elemento básico para nos permitir avançar no trabalho. Não precisava mais perambular pelas ruas de São Paulo. Ficava com os pés em frangalhos no fim da noite, e, além do mais, quase ninguém olhava para você sorrindo.

Regras de clandestinidade, entretanto, são regras de clandestinidade. Qualquer profissional que examinasse as nossas ia achá-las fragilíssimas. Qualquer profissional que ouvisse nossa discussão arrancaria os cabelos, por sentir que estávamos duvidando do que não se podia duvidar: a casa tinha de ser abandonada naquela mesma noite.

Decidi dormir uma vez mais na casa. Contava com o silêncio de Paulo, com a possibilidade de ficar meio encostado, dormindo com um olho só, com as chances de furar o cerco pelos fundos, em caso de sentir alguma coisa estranha. Várias vezes ouvi barulho do lado de fora, acordei e me preparei para o salto. Tinha apenas uma pasta com documentos e o revólver, duas camisetas brancas e alguma roupa de baixo, preparados para a fuga.

O dia amanheceu tranqüilamente, sem nenhum vestígio de polícia. Saí para um encontro com o segundo operário da base. Ele ficara responsável pela localização de Paulo. Por meios indiretos, ia tentar saber onde estava. Em nenhum dos pontos de referência possíveis Paulo tinha aparecido nas últimas 24 horas. Não restava mais dúvida: estava preso ou morto.

O que fazer? Era necessário esvaziar a casa, imediatamente, e saltar dali, para tentar reorganizar o trabalho em novas bases. Todo o núcleo ainda estava intacto mas certamente vulnerável, pois Paulo conhecia tudo, freqüentava a casa de muitos, detinha o maior número de dados sobre os planos futuros. Voltar para a velha casa, onde estava, colocaria para mim o mesmo problema, pois fora Paulo que a conseguira para mim. Recorrer a um amigo jornalista, e em São Paulo havia centenas, não me parecia correto naquele instante. A opção tinha sido minha, particular, e os quadros deveriam ser guardados fora e independentes de seu universo afetivo. Os simpatizantes que abriam suas portas para uma pessoa que jamais viram, que conviviam com ela, tinham escolhido aquele caminho. Todos os riscos estavam de alguma forma computadorizados. Acontece que esse tipo de simpatizante era muito pouco para as necessidades que iam se acumulando. Voltar ao meio de origem, trazendo consigo todo o perigo para amigos que por diversas razões, de um modo geral bem fundamentadas, tinham evitado a guerrilha urbana não era apenas problemático para eles. Sobretudo era insuportável para mim: era admitir também a profundidade do nosso fracasso em lançar âncoras naqueles setores que, segundo nós, eram objetivamente interessados em nossa revolução.

Quantos de nós não dormiram pelas ruas ou jardins, quantos não viajaram nos ônibus suburbanos até a exaustão, aproveitando para cochilar no caminho? Minha saída era aquela, até buscar um novo contato com a ALN ou com a O. no Rio. Na melhor das hipóteses voltaria para a casa de Ana até passar o furacão que, certamente, desabaria com a queda de Paulo.

O último prato-feito foi amargo. Conversava com José sobre a importância que ele teria agora, recolhendo todos os contatos, refazendo, cuidadosamente, os vínculos partidos e tudo, sem cair na mão dos homens, que deveriam estar muito por perto, quem sabe até no nosso quarto, nesse momento. De todas as maneiras, voltaria à casa para fechar o aparelho corretamente, sairia pelo mundo e encontraria com ele, todos os dias, às quatro horas, defronte a uma estátua que conhecíamos. Dentro de 24 horas, portanto, daríamos um novo balanço da situação. Felizmente, tinha me encontrado com alguém da ALN e tinha um ponto para dentro de cinco dias. Ficaríamos isolados apenas cinco dias.

Voltei para casa e estava tudo normal. Deixei todas as coisas arrumadas em cima da mesa e decidi ir ao botequim tomar uma água tônica e seguir imediatamente. Pensei em fechar o aparelho e, depois, tomar a água tônica. Sucede que o botequim era um importante ponto de referência. O dono já me conhecia de vista e também me conheciam, ligeiramente, alguns freqüentadores. Se tivesse algo estranho na área, certamente intuiria, através do contato com eles. Saí para a água tônica, certo de que estava colhendo um número maior de dados, que fecharia o aparelho e talvez pudesse até voltar quando passasse a onda. Andei uns vinte metros e a rua foi tomada pelas caminhonetes da polícia. Vinham na direção contrária à minha e senti que me viram. Não havia como correr naquele momento, mas, sim, tentar prosseguir e começar a correr somente quando parassem. Caso ainda tivessem dúvidas sobre mim, a corrida ia dissipá-las imediatamente. Nem sequer chegaram a parar: do carro em movimento saltaram alguns homens armados de revólveres e metralhadoras. Um deles, creio, tinha uma pistola Maltzer 765, que parecia também uma metralhadora. Comecei a correr, mas fui bloqueado pelo carro que, depois de dar a volta, com muito mais velocidade que eu, conseguiu me cercar. O chefe da operação apontava o revólver para mim e dizia: "Não se mova, filho-da-puta". Ele estava muito nervoso. Os outros que me cercaram, lentamente, pareciam um pouco mais calmos. A impressão que tenho era a de que previam um longo tiroteio ou, então, de que alguns realmente tinham medo. E por que não? Nada garantia que, do meio do mato, de cima dos barrancos, não havia uma emboscada preparada para eles; que eu não tivesse uma granada dentro da camisa; enfim, um dos muitos perigos que acontecem nesse tipo de operação. O chefe, entretanto, estava mais que nervoso, estava transtornado. Não sei como conseguiria controlar a situação, um tiroteio prolongado.

Tentei escapar uma vez mas era muito difícil. Fui espremido por eles próprios, pois meu espaço de fuga era mínimo. O chefe decidiu fazer uma revista geral na casa, não sem antes cercá-la cuidadosamente. Ficaram três, mantendo-me preso, de mãos para o alto contra o barranco, e o resto foi estudar as possibilidades do cerco à casa.

Era necessário tentar algo rapidamente. Eles iam descobrir que, dentro da casa, não havia ninguém; iam se reconcentrar; provavelmente me levariam para dentro, enquanto investigassem os cômodos com mais calma. As metralhadoras e revólveres estavam apontados um pouco frouxamente contra mim. Quase ninguém costuma partir contra as armas e decidi fazê-lo. Não podia dar-me ao luxo de cair ali. Tinha muitas informações em meu poder, tinha muitas tarefas importantes e também tinha muitas esperanças de escapar daquela e de outras situações semelhantes. Aproveitei um momento de descuido e avancei contra eles. Senti que se afastaram um pouco, pois me coloquei exatamente no meio deles. Se alguém atirasse, poderia, naquele instante, matar o próprio companheiro. Não sei se isso passou pela cabeça deles, se isso passou pela minha: sei que abriram passagem e corri como nunca tinha corrido. Velozmente e em ziguezague. Meu objetivo era entrar no mato, num dos vãos do barranco, ganhar uma vegetação um pouco mais densa e talvez me esconder um pouco. A pé, dificilmente me conteriam, pois deslocavam o peso das armas e munições. Ouvi os gritos de pára, pára. Ouvi os primeiros tiros e inclusive me entusiasmei:

os tiros explodiam e eu continuava correndo. Ao tentar sair da rua e pular no mato, um dos tiros me alcançou pelas costas. Senti apenas um baque para a frente, uma dor aguda e deixei o corpo cair. Dessas coisas que se pensam no chão, sem nenhuma conseqüência prática, como um lutador batido que imagina, dez vezes, subir de novo ao ringue e não percebe que a luta terminou. Pensava: vou levantar e continuar minha carreira, mesmo com esse tiro nas costas. Vou levantar e me meter no mato. Tudo isso se passava, mas meu corpo estava afundado na poeira da rua. Fiquei reduzido à idéia de correr e eles me cercavam. Senti que a pistola estava apontada contra minha cabeça. Seu dono disse: "Vou acabar com ele". O que chegou um pouco depois respondeu apenas: "Nada disso, tem de ser interrogado". Passaram-se alguns segundos. Quem prevaleceria naquela discussão? O tiro de misericórdia não era desfechado. Passaram-se alguns minutos e percebi que não seria desfechado. Da casa chegaram os outros e disseram: "É o cara que veio do Rio, vamos levá-lo".

Jogaram-me nos fundos da camionete. Eram cerca de cinco horas da tarde. O que acertou o tiro, provavelmente, era um mulato baixo. Estava bastante contente. O motorista buscava desenvolver mais velocidade e um deles virou-se para trás e perguntou como eu estava. Eu estava delirando; pensava em todos os mortos célebres, na luta por melhores dias na América Latina, no curso das coisas que me jogaram da avenida Rio Branco, da sacada do *Jornal do Brasil*, de boca para baixo naquela rua poeirenta, na possibilidade de minha camiseta Hering estar empapada de sangue, pensava nos irmãos Peredo, que haviam sido mortos assim na Bolívia, pensava nos estudantes fazendo um minuto de silêncio por todos nós, que levávamos tiros nas costas, e pensava que, no outro dia, o mais tardar, os companheiros no Rio acabariam sabendo que eu caíra em São Paulo. Disse apenas:

"Dói bastante."

Era uma dor lá dentro, apertando cada vez mais. O policial que estava no banco de trás, na janela da direita, curvou-se até o fundo da camionete, tocou na minha barriga e afrouxou o cinto da calça. Pode não ter tido nenhum efeito objetivo na dor, mas a verdade é que ajudou. Eles começaram a querer andar mais rápido. Estavam sem sirenes, ou coisa parecida, e tinham de respeitar o trânsito. Eles diziam: "Isso é assim mesmo, não melhora", ou então: "Só melhora quando fizerem um novo estudo de mão e contramão"; "Não, não adianta, não melhora"; "E olha esse filho da puta como dirige, quase bateu: filho-da-puta!"

Saí de meu delírio para acompanhar aquele diálogo. Falavam do trânsito como pessoas que iam sempre viver. A morte para eles era uma presença ali no fundo, onde eu estava deitado. Tinham esperanças no futuro, criticavam a administração e, às vezes, um deles olhava para trás. O motorista perguntava: apaga? Alguém respondia: não, não apaga não. O motorista apressava cada vez mais a camionete, insultava cada vez mais quem se interpunha. A vida era uma conspiração. Comecei a desejar, ardentemente, que aquele trânsito desengarrafasse. Queria sobreviver, ainda que fossem muito duros os dias de tortura e dor que me esperavam. Era preciso. Falei: "Poxa, bem que esse trânsito podia desengarrafar". O motorista perguntou o que é que eu tinha dito. O policial no banco de trás repetiu. E o motorista disse: claro, tem que desengarrafar.

Conseguimos chegar ao Hospital das Clínicas de São Paulo. Fui colocado numa sala de espera e alguns jovens acadêmicos vieram me ver. Perguntaram meu nome, disse que me chamava João e que era guerrilheiro e não tinha mais nada a dizer. Essa frase foi muito comentada depois. Os policiais do DOPS riam muito quando eu passava pelos corredores, em São Paulo. Creio que fui mais solene do que o necessário. Alguns garotos chegaram a chamar seus amigos para me verem. Naqueles poucos minutos, apareceu muita gente na sala. E eu sempre dizia a mesma coisa: João, guerrilheiro.

Fui colocado suavemente na maca e levado para a sala de operações. Eu estava um pouco nervoso. Não tinha morrido, mas começaria ali um processo que, absolutamente, não poderia controlar mais. Pedi uma tragada no cigarro do acadêmico. Ele disse: "Que tragada o quê. Cheira aqui". Cheirei o clorofórmio e perdi os sentidos. Foi minha introdução ao mundo dos presos, um mundo, conforme dizia a inscrição que vi em várias celas militares e civis, onde o filho chora e a mãe não ouve.

O primeiro interrogatório foi feito ainda no Hospital das Clínicas. Capitão Maurício estava debruçado na minha cama, com dois ajudantes:

"Acorda, João, acorda. Você é idealista mas eu também sou. Tem de abrir tudo, João."

Tudo o quê? Era difícil me recompor, assim num segundo. Estava sob efeito da anestesia e fora brutalmente arrancado do sono. Os médicos tinham sido superados pela equipe da Operação Bandeirantes. Nenhum deles autorizaria um interrogatório àquela altura. Tudo o quê? Quem é João? Quem é esse cara na beira da cama querendo que eu abra? Sentia o corpo colado na cama, as dores na barriga e fui recompondo, lentamente, o quadro: o tiro nas costas, a viagem de camionete até o hospital, o momento pré-operatório. A barriga estava pesada, tinha uma sonda no pênis e uma sonda saindo do nariz. Abrir tudo, abrir o quê? Continuava olhando espantado para o capitão Maurício e confirmei apenas os dados que estavam na minha carteira de identidade falsa, minha presença naquela casa que tinham acabado de estourar.

O interrogatório terminou com a ameaça: "Amanhã você fala". Imediatamente, começaram os preparativos para minha transferência para o hospital do II Exército, onde poderiam atuar com mais tranqüilidade. Era uma fase onde eu ainda passava muito tempo para entender as coisas. Sentia uma grande tristeza, muito mais tristeza do que dor. Não veria os amigos tão cedo, não disporia de minha vida. Decidiram que ia me mudar e nem sequer mexi com um dedo. Levantaram meu corpo da cama, depositaram na maca, transportaram a maca para um carro, cobriram minha cabeça e, quando reabri os olhos, estava no hospital militar. O fato de as pessoas estarem armadas em torno de você, te insultando todo o tempo, conjugado com o pouco do clima que via lá fora, nublado e cinzento, tudo ia servindo para me encher de tristeza. O quarto que tinha agora dispunha de uma cama onde armaram toda a parafernália de sondas e também um tubo de soro, que me alimentava pelo braço e creio que também pelos pés. Não sei exatamente por que, mas cortaram a veia dos pés. O ferimento jamais se fechou durante todo o tempo de cadeia. Várias vezes tive que chamar ambulância por causa daquela intervenção malfeita. Mas, naquele momento, o que me importava o pé, ou mesmo todos os membros? A dor estava concentrada na barriga e nas costas.

O segundo interrogatório se deu no lugar onde ficaria quase quarenta dias: o quarto dos prisioneiros no hospital do II Exército. Além de minha cama, havia uma cama para o guarda que ficaria diretamente na vigia, outro membro da equipe que se postaria na porta, e a entrada do hospital por via das dúvidas seria reforçada. A cama do guarda estava diretamente voltada contra a minha e, às suas costas, havia um banheiro possivelmente com uma pia, que só fui descobrir quando levantei da cama, uns vinte dias depois do tiro.

No segundo interrogatório, o enfermeiro do hospital me aplicou uma injeção. Não sei exatamente de que era aquela injeção. Sei apenas que terminava o interrogatório com a saliva pastosa, a língua pesada, as frases quase que impossíveis de serem completadas. Cada palavra tinha um peso tão grande, exigia um esforço tão colossal para se articular que abandonava completamente a idéia de sentido mais amplo. Cada palavra era uma vitória. Só que não significava nada. Várias vezes, depois daquela noite, o interrogatório terminava no mesmo impasse: falta de sentido completo.

Não posso dizer que aquilo era o Soro da Verdade. Talvez fosse mais literário dizê-lo. Mas creio que a reação era causada pelos soporíferos normais que os médicos prescreviam. Eles me jogavam num pântano verbal, me enrolavam a língua, me empastavam a saliva. No segundo interrogatório consegui manter todos os elementos do primeiro. Pensei que o ponto essencial com José já teria, àquela altura, sido furado. Era bom.

Dentro em breve correria a notícia de minha queda. Isso não só ampliaria minha chance de sobreviver como também reduziria minha sensação de isolamento. Podia imaginar Dominguinho chorando, Zé Roberto chorando e quase chorava também. Tudo bem: se alguém tinha de morrer ou cair, melhor que fosse eu.

Os guardas mudavam muito. Alguns me contaram que o último paciente que esteve ali fora João Domingues. Ele morrera naquela cama. Depois dele, eu tinha vindo quase que diretamente. Nas celas, que ficavam na porta do quarto, estavam alguns desertores que nem sequer tinham contato visual conosco. Cada guarda correspondia a uma equipe e fui aprendendo isso. A vinda de cada um deles significava que um grupo de inquisidores estava de plantão naquele dia. Na equipe do capitão Maurício vinha sempre um garoto do CC. Passava muito tempo me insultando, apontando o revólver contra minha cabeça. Era a pessoa mais desagradável de todas. Não parava de insultar nem disparava aquela arma, por sinal um Colt 45. Seu insulto não tinha nenhuma função técnica: não ajudava a amolecer minha resistência, não conduzia a nada. Era desses torturadores que fazem hora extra com prazer, enquanto a maioria, uma vez passado seu plantão, entrava numa outra onda completamente diferente.

Depois de 24 horas naquele hospital, contei qual era meu nome e o que tinha feito. Imediatamente reforçaram a equipe e anotaram cuidadosamente meu depoimento antes de eu ficar grogue. Os interrogatórios, naquele período, cansavam muito e a tortura consistia muito mais na surpresa. Várias vezes começavam às duas da manhã, outras no fim da tarde. Eles sempre apareciam, isso era uma certeza. Mas quando?

O que eles queriam nos seus interrogatórios era, basicamente, pontos e aparelhos. Mas a operação e aquela lengalenga de esconder o nome tinham me salvado dos pontos. Mesmo os mais inexperientes já sabiam que não teria nenhum ponto a revelar, ou melhor, que os pontos certamente estariam descobertos. Eles próprios desconfiaram, pois, mal pediam um ponto, eu revelava. Não adiantava mais ir conferir: passara muito tempo e quase todos, àquela altura, já sabiam de minha queda. No que diz respeito a aparelhos, joguei um pouco com a descoordenação que ainda existia, em nível interestadual. Abri primeiro o aparelho onde havia morado na rua Rainha Guilhermina. Só 24 horas depois é que me insultavam por ter aberto um aparelho havia muito abandonado. Senti que poderia trilhar aquele caminho com alguma segurança e creio que o fiz bem, pois não derrubei nada de importante, creio mesmo que não derrubei nada naquela minha carreira de preso. Tinha uma vantagem: jamais negava informação quando me perguntavam, de maneira que jamais pensaram que estava resistindo. Apenas um escrivão que se dizia nacionalista propunha uma reviravolta no interrogatório. Segundo ele, eu estava levando todos na conversa, era um grande artista jogando com as falhas da máquina. Creio que foi a visão mais lisonjeira da minha passagem pela Operação Bandeirantes. O problema apenas era uma decisão de sobreviver em primeiro lugar; em segundo lugar de evitar todo sofrimento desnecessário. Essa tática implicava conduzir a pistas falsas, ganhar tempo, aplacar a fúria e, em muitos casos, fornecer informações de que já dispunham. Os aparelhos que tinham sido abandonados eram um exemplo disso. Ficavam furiosos, mas não poderiam demonstrar que o aparelho tinha sido abandonado havia muito tempo, antes de minha queda. A relativa descoordenação em nível nacional fez com que jogasse muitas vezes com o aparelho da Rainha Guilhermina. Nunca um lugar caiu tanto. O porteiro já sabia. Quando subia um grupo de pessoas com cara de polícia, ele apenas dava a chave e dizia: por favor, não arrebentem a porta de novo; esta é a quinta vez que a destroem esta semana.

Não tinha absolutamente forças para um comportamento do gênero turco: nada tenho a declarar e vou morrer na tortura. Não era minha intenção morrer e temia que, partindo de um padrão tão alto, caísse muito baixo, quando começasse a abrir. Vi na cadeia, entretanto, muitas pessoas não dizerem absolutamente nada. Muitos afirmavam que eram comunistas e que nada tinham a declarar; outros se refugiavam num vago não sei e dali não saíam jamais. Não foi esse e não creio que será esse meu caso no futuro. Creio, sinceramente, que é um jogo, cheio de vaivéns, de pequenas derrotas e pequenas vitórias. Várias vezes saí derrotado de um interrogatório: senti-me envolvido, senti que estava dando informações a respeito das quais não tinha certeza se eram ou não conhecidas da polícia. Houve outras vezes que me senti vitorioso, inteligente e esperto. Como nunca terei certeza de que morrerei de boca fechada, sempre será necessário preparar um programa cheio de concessões e de armadilhas, que reduzam o sofrimento e, ao mesmo tempo, reduzam a informação dos torturadores.

Entre os que nada falaram, alguns morreram, outros não. Meu caso foi muito especial. A bala atingira o rim, o estômago e o fígado. Sondas e tubos de soro eram indispensáveis. Não poderiam me pendurar no pau-de-arara sem risco de morte, nem poderiam me fazer sentar na Cadeira do Dragão, que era uma cadeira eletrificada. O que se fazia de tortura se fazia ali na cama ou não se fazia. Você poderia jogar com as sondas, arrancando bruscamente a sonda do pênis; poderia ameaçar cortar o soro. O básico dos interrogatórios era vencer pelo cansaço. Não se lutava contra o tempo, como nas verdadeiras salas de tortura, onde até os relógios eram cobertos com esparadrapo. Ali tinham de saber rápido o ponto, tinham de anotar endereços e partir, imediatamente, para os aparelhos onde ainda poderia haver gente. Os relógios tapados ficaram para mim como o símbolo da tortura, pois eles eram muito mais do que apenas relógios tapados com esparadrapos. A noção de tempo era roubada ao torturado. Ele não poderia jamais saber que horas eram, pois agüentaria mais alguns minutos e, em muitos casos, poderia salvar uma vida. A noção de tempo não se conta apenas com os ponteiros pequenos. A noção de tempo tapado era também o exercício da onipotência fantástica do torturador. Sua fantasia de suprema dominação sobre o outro só é possível se articulada com outra fantasia: a da ausência do tempo. A tortura só é perfeita se o tempo não passa. O tempo é sua morte.

Falo da tortura como um artista, pois não tenho direito de falar dela como um grande torturado. Às vezes lançava golfadas de sangue nas sondas. Capitão Homero recuava horrorizado e dizia: "Sou torturador mas não sou médico, não suporto essa nojeira". Com mais prática, controlava aquelas golfadas ou mesmo ia deixando que um coágulo deslizasse mais lentamente e saísse no momento exato. Meu sofrimento, perto do que vi e soube, foi insignificante. Só poderia falar de tortura se tivesse caído inteiro, sem nenhum tiro, e tivesse enfrentado o mesmo processo que os outros. Mas é preciso pedir desculpas por não ter sido tão torturado quanto os outros? Pode-se falar de tortura enquanto artista? As marcas do machismo sul-americano são fortes, mas tantos anos passados talvez já as tenham dissipado em mim.

Não é necessário estipular uma cota de tiros ou de dor para se falar da guerrilha urbana e da tortura. O verdadeiro campo da discussão não é o campo dos heróis, mártires e torturadores. A política única de nada dizer, por exemplo, de resistir até a morte, não era decorrência de uma visão de mundo, de uma compreensão global dos militares como homens de mármore? Até que ponto não éramos modelos de um stalinismo agonizante em tantos pontos do mundo? Perguntas feitas na cama, nas muitas celas pelas quais passei.

O processo de interrogatório no hospital militar prosseguiu no mesmo ritmo. Todos prometiam tortura intensa para quando eu ficasse bom e tirasse as sondas. Com o tempo, alguns policiais tornaram-se mais íntimos. Contavam suas histórias, preparavam-se para o Carnaval. Várias vezes passou pelo meu quarto a equipe que tinha me capturado. Conversávamos animadamente. Houve até quem me aconselhasse a não ficar bom naquele período e me agüentar na cama o máximo de tempo possível. Era um ótimo conselho, mas as forças que me empurravam para a saúde eram mais fortes. Ao cabo do vigésimo dia, comecei a andar pelo quarto. Havia perdido uns doze quilos e estava curvo, curvo. Parecia que envelhecera muitos anos e que meu corpo jamais voltaria à sua postura de origem. Mas estava caminhando, com um velho pijama que deram; ia e voltava até a pia; usava o banheiro por minha conta. Eles viram aquilo, o enfermeiro viu aquilo: era impossível segurar. Transportaram-me para a Operação Bandeirantes, pois as instruções nesse sentido eram inequívocas. O interessante é que jamais vira um médico naquele hospital militar. Meus contatos eram com o enfermeiro. No último dia apareceu um médico, sorriu para mim e me desejou boa sorte.

Na Operação Bandeirantes colocaram-me num pequeno quarto que ficava no andar superior. Passei pela guarita, vi o pátio, a entrada para os xadrezes que ficavam à esquerda. No primeiro dia fui interrogado pela equipe do capitão Albernaz. Agora já dominavam informações sobre mim, conheciam minhas tarefas em São Paulo e detinham quase todos os dados sobre o seqüestro do embaixador americano. Mas queriam me torturar de qualquer jeito, mesmo sabendo que dali não sairia nada de especial, uma vez que pontos e aparelhos eu não os tinha para informar.

O capitão Albernaz bateu furiosamente na mesa, mandou que me sentasse e fez um pequeno discurso. Os outros se colocaram em torno de mim enquanto ele ia falando que era muito burro, muito, muito burro, de forma que com ele não adiantava conversa pois não ouviria nada a não ser as respostas às perguntas que fariam. Onde estava Salgado? Não sabia, não sabia onde estava ninguém. Capitão Albernaz bateu de novo na mesa e Raul, um policial que funcionava na sua equipe, exibiu o telefone de campanha e disse que iria falar com Fidel Castro. Ligaram os fios na minha mão e começaram a dar choques e perguntar por pessoas. Capitão Tomás gritava, enquanto davam os choques: turco filho-da-puta, turco filho-da-puta. Achei estranho aquele tipo de tratamento, quase íntimo num certo sentido. Minha reação diante dos primeiros choques foi uma reação de um homem civilizado, creio: fiquei perplexo em ver que aquilo existia e que havia pessoas que o empregavam. Claro que já sabia disso por outros caminhos, mas agora estava vendo e era o mesmo que ver crianças arrancando as penas de um passarinho. Como é que isso era possível em gente daquela idade? Enquanto pensava, ia tomando novos choques e quando passaram os fios para a ponta da orelha realmente deixei de pensar em outra coisa, exceto na necessidade de não deixar que minha cabeça se partisse. Cada vez que davam o choque, tinha uma profunda sensação de dilaceramento, da cabeça se partindo em duas, e acreditava que podia fazer alguma coisa com o corpo para mantê-la intacta. Às vezes perguntavam por Helena. Albernaz dizia: essa é mulher dele, mulher da gente não se entrega. Às vezes não perguntavam nada. Senti que era uma sessão de pura experiência, e como foi dura. Acabara de sair do hospital onde tinha sondas em todas as partes do corpo e agora me atavam fios nos lugares mais diferentes, sem nenhum propósito. Fiquei revoltado. A dor era horrível mas o ódio era muito maior. Não sei quanto tempo se passou ali. Nem sequer tomaram notas.

Voltei ao meu quarto e senti que a campanha ia prosseguir. De vez em quando, alguém se aproximava e anunciava: vamos matar, é muito mais fácil. O delegado Otávio, que foi morto no Rio, era um deles. Várias vezes colava a boca na porta e dava ordens: já que não falou, vamos preparar para levá-lo daqui e enforcá-lo em qualquer parte. Eu ouvia aquilo do meu quarto, mas não me deixava tocar tanto. Na cadeia comum, os presos chamam a isso de *sugesta*. A *sugesta*, quando é feita com muito espalhafato, acaba tendo um efeito contrário. À tarde ouvi chegar o capitão Homero. Havia uma janela dando para o pátio e ele falava algo sobre o ridículo de paradas militares, de formações convencionais, quando se tratava de combater guerrilha. Não sei por que exatamente aquilo ali na entrada da Operação Bandeirantes, de onde surgiu o diálogo. Ele ria muito. De noite apareceu com uns pedaços da *Folha de S.Paulo*. Disse que estava meio cansado de ficar ali, que só tinha policial e que era duro conversar com policial. Falou-me da sua mãe, de quem ele gostava muito. Viviam juntos e ele não pensava em se casar; de vez em quando saía com algumas mulheres para Santos, fazia seus programas, mas voltava sempre para casa, para sua mãe. Perguntei um pouco sobre a vida lá fora, pois aqueles pedaços da *Folha de S.Paulo* me pareciam muito pouco informativos. Ele apenas começou a falar sobre nossa situação e disse que estávamos sendo destruídos. Mudei de assunto, pois não me pareceu conveniente falar sobre nossa destruição ou sobre nossa salvação com capitão Homero. Ele saiu, deixando-me os pedaços da *Folha* que selecionara. De qualquer forma, tinha sido gentil.

Quando me baixaram para o xadrez e me designaram o X2, Xadrez 2, aconteceu a coisa mais importante de todas, naqueles quase trinta dias; encontrei a primeira pessoa que estava presa feito eu, que era do nosso lado. Cabo Mariani ocupava o Xadrez 1 e desenvolvemos uma grande amizade. Éramos os únicos presos da Operação Bandeirantes. Às vezes éramos exibidos aos grupos que estavam montando o trabalho no interior. Capitães do Rio Grande do Sul apareciam na porta da minha cela e ouviam uma ligeira preleção: "Este é o Gabeira, participou do seqüestro do embaixador americano, foi preso aqui em São Paulo, por nós. Tudo bem, Gabeira?".

O que responder? Tudo bem, capitão Albernaz. Eu e Mariani estávamos virando uma espécie de móveis e utensílios da Operação Bandeirantes. Mariani era muito querido pelos soldados que faziam a guarda nos xadrezes. Ele fugira com o capitão Lamarca do quartel, levando as armas para a guerrilha. Foi torturado em Juiz de Fora, onde o penduraram, não no pau-de-arara, mas de cabeça para baixo, pendendo do teto. Pisaram nos seus testículos e quase o mataram. Ele ainda mancava quando o encontrei. Também eu mancava e ficara meio curvo, de forma que os únicos presos ali naquela cadeia estavam meio estropiados. Quando nos mostravam para alguém, eram evidentes os sinais de violência.

Mariani me ofereceu cigarros, me fez perguntas simpáticas, me deu conselhos sobre a cadeia e informações sobre os guardas. Os guardas eram da Polícia Militar e quase todos civilizados. Um deles ficou sentido comigo porque me esqueci de cumprimentá-lo de manhã. Chegou na porta da minha cela e disse:

"O que é que há? Faz quinze minutos que cheguei e você nem diz bom-dia."

Sinceramente que tinha me esquecido. Minhas dores eram muito fortes. Não podia jogar queda-de-braço com eles. Deixavam o fuzil um pouco de lado e disputavam quedas-de-braço com Mariani; ele de dentro; eles de fora da cela. Meu estado era péssimo. Mal podia comer e tinha de dormir no cimento frio. A operação começou a dar para trás. Bolas de sangue, em formas de coágulo, desciam dos rins e faziam passagem pelo canal, provocando uma dor enorme. Conseguia expeli-las e creio que sentia algo parecido com o parto: as paredes ficavam manchadas de sangue e decidi botar a boca no mundo. Passava os dias gritando que ia morrer e, quando me cansava, Mariani continuava gritando por mim. Uma vez chamaram uma ambulância do Exército e os enfermeiros decidiram que tinha de voltar para o hospital. Voltei ao hospital e diagnosticaram anemia profunda. E agora? Resolveram, entretanto, que dava para me fazer sobreviver na cela da Operação Bandeirantes.

Quando voltei ao X2 observei que a Operação Bandeirantes tinha ganhado novos prisioneiros. Na minha cela estava um homem que teria alugado o sítio de Ibiúna e no X3 estava frei Tito. Junto com Mariani, colocaram um ex-sargento que tinha se mudado para o Uruguai e era criador de galinhas perto de Montevidéu. Viera passar as férias no Brasil e fora preso em São Paulo. Em cima, no quarto que ocupara antes, estava Adamaris Lucena. Ouvíamos seus gritos incessantes.

Apesar da população ter aumentado tanto, era um tempo de maré baixa para a Operação Bandeirantes. Os dois presos que até agora tinham nas mãos estavam exaustos e semidestruídos fisicamente. Além disso, não detinham nenhuma chave que pudesse levar a novas quedas. Para não ficarem completamente parados, mandaram buscar frei Tito de Alencar no presídio Tiradentes e o velho do sítio Ibiúna no DOPS. Iniciaram algumas sessões de tortura para recompor toda a história do congresso, do ponto de vista de sua organização material.

Quando voltei à minha cela, frei Tito estava ajoelhado,

rezando no Xadrez 3. Perguntei ao velho de que se tratava e ele me contou a história. Dei um toque em Mariani e fiquei sabendo o que se passara com o ex-sargento. O caso de frei Tito e do velho pareciam mais complicados, pois estavam em vias de voltarem à tortura. Não falavam um com o outro. Dentro de algum tempo viria o jantar, que era preparado talvez na PE de São Paulo e, quase sempre, era composto de feijão-mulatinho, arroz, carne moída e abóbora. A hora do jantar era especialmente importante, pois um de nós era autorizado a sair do xadrez e servir o prato de todos os outros. Era também um momento de pequenas articulações, recados mais ao pé do ouvido, coisas que nem sempre poderiam ser feitas aos berros, ou através dos guardas.

A saída para o fim da tortura de frei Tito e do velho parecia simples. Para começar, tinham de fazer as pazes e traçar um plano comum. Estavam apanhando muito para revelar detalhes que na realidade não eram importantes. Por exemplo: estavam sendo torturados para dizerem o nome de um motorista que os tinha conduzido ao sítio. Por que não inventar o nome, por que não inventar toda uma história, ali, aproveitando o momento do cochicho? Depois, era só subir para a tortura e fazer uma cena, fingir que estava desmoralizado e abrir. Quando chamassem o outro, ele deveria sustentar uma história contrária durante apenas alguns minutos, e, depois, ir revelando os detalhes, compondo um quadro perfeitamente verossímil para a polícia. Na gíria nossa, isso se chamava fechar uma história.

Quando a história se fechava, quando as coisas se confirmavam diante dos olhos da polícia, reveladas por fontes diferentes, à força da tortura, o caso era encerrado. Quantas histórias não foram fechadas satisfatoriamente? Sua característica é ter uma incrível riqueza de detalhes, que se confirmariam em diferentes sessões de tortura, sem nenhuma contradição interna e, naturalmente, não teriam nada a ver com a realidade dos fatos. Por que, por exemplo, não inventarem que o motorista chamava-se Waldir, darem um retrato-falado semelhante? A polícia ficaria com mais um Waldir para procurar e não tinha elementos, ali, para desmontar a combinação. Com isso acabaríamos com a tortura e íamos ouvir um pouco as histórias do ex-sargento e dos frangos que vendia em Montevidéu.

Tanto o velho como frei Tito estavam irredutíveis. Coubera a mim distribuir a comida naquela noite, e as articulações falharam completamente. No dia seguinte, voltariam ao pau. Seu caso não era considerado extra, portanto eram torturados na hora do expediente. Voltei para a cela com uma sensação de fracasso. Além do mais, aquele feijão era uma comida muito pesada para quem estava com o estômago recém-operado. Depois de comer, sentia dores incríveis. Às vezes serviam um almoço congelado que era de uma qualidade melhor. Dizem, não posso confirmar, que essa refeição era dada pela Ultragás. Sei apenas que era um pouco sem sal e que uma vez nos serviram peixe com espinafre. A comida da PE, muito mais saborosa, era também muito mais pesada. Senti que teria de guardar minhas forças para começar a gritar, pois precisaria de novo voltar ao hospital.

Mariani aconselhava o ex-sargento a comer. Creio que se chamava Wilson. Mantinham um diálogo que acontece em todas as cadeias do mundo quando se cruzam um velho presidiário e um inocente, colhido nas malhas da polícia um pouco acidentalmente. O ex-sargento não queria comer, pois pensava que dali a pouco seria solto. Não queria se sentar confortavelmente, pois estava esperando ser libertado para tomar um banho quente. Não queria ir preparando sua cama, pois estava seguro de que dormiria em casa. Mariani pedia que Wilson se acomodasse, que tentasse fazer daquele X1 o lugar mais interessante do mundo, pois não era certo que seria libertado. Ele tinha visto muita gente chegar com esperanças de sair no dia seguinte e passar meses na cadeia, sofrendo muito mais a cada entardecer, pois constatava que a liberdade não viria naquele momento.

Havia muito ouriço naquele dia. Alguns soldados tinham me pedido que desse as dicas sobre como assaltar um banco, pois estavam pensando em criar uma quadrilha própria. Tratavam-me de "senhor seqüestrador" e eram muito simpáticos. O problema era que não tinham experiência de assaltos a bancos e, se queriam iniciar uma quadrilha por conta própria, o melhor era falar com gente que tinha feito a coisa diretamente. Assim que passasse minha dor, ia dizer mais ou menos o que tinha lido sobre a técnica nos jornais. Não havia tempo para explicar nada. Já estava buscando o canto da cela, inclusive com a respiração difícil. Deitei ali no fundo, meio no escuro, e apoiei a cabeça num casaco cinza que tinha ganhado na Operação Bandeirantes. Capitão Thomás também passou por ali. Observei os seus traços, do lugar onde estava, e percebi que pareciam um pouco com os traços de um filho de imigrantes árabes. Perguntei a ele se era, e ele confirmou. Capitão Thomás pertence à Polícia Militar e me insultara na tortura dizendo exatamente as coisas que detestava que lhe dissessem quando garoto: turco filho-da-puta. Coisas da psicologia. A dor era demais para cuidar delas.

Ao amanhecer do dia seguinte, comecei meu espetáculo favorito: socorro, que vou morrer. Gritava a toda corda, pondo os soldados nervosos e fazendo com que buscassem o carcereiro. Naquela manhã, nem precisou que Mariani continuasse a gritaria por mim. Em menos de uma hora, já havia uma equipe pronta para me levar ao hospital. A equipe estava a fim de sair para uma transação e precisava de uma desculpa. Assim que me colocaram no carro, disseram qual era o problema. Por mim estava tudo bem. Eles me levariam ao hospital e depois passariam pelo departamento de trânsito onde iam cuidar de um negócio. Não sei se o prédio era realmente do departamento de trânsito, ou se era algum escritório burocrático ligado ao trânsito de São Paulo.

Fomos ao hospital, onde os médicos me reexaminaram e me fizeram voltar à Operação Bandeirantes. Estava tudo bem, só que a anemia continuava e os coágulos nos rins eram inevitáveis, pois dormia no chão. Quando saíamos do hospital, chegou uma camionete trazendo frei Tito. Ele tentara o suicídio com o barbeador. Tito iria para a mesma cama onde eu estivera e, possivelmente, receberia uma visita de uma autoridade religiosa ainda naquele dia.

Saímos do hospital e a equipe foi para sua transação. Era alguma coisa ligada a uma partilha de dinheiro, de uma operação conjunta que fizeram. Não posso dizer se era corrupção grossa. Posso apenas dizer que era corrupção e confessar minha participação nela. Saíram tão contentes do lugar aonde tinham ido que decidiram que iam me pagar um sanduíche misto com uma laranjada. Aceitei humildemente. Nas circunstâncias em que estava, creio que merecia um sanduíche misto com uma laranjada, ainda que desconfiasse, fortemente, que o dinheiro estava saindo de algo meio impróprio.

Simplesmente tomaram um bar. Com dois homens armados na porta do botequim e dois me acompanhando até o balcão, tomei minha laranjada e comi meu sanduíche, talvez como o mocinho toma seus uísque num bar de faroeste, acompanhado de sua quadrilha. A cara das pessoas talvez com um pouco mais de espanto ainda do que a cara dos figurantes de filmes de faroeste. Os homens estavam armados de metralhadoras e espingardas e eu usava uma calça escura, uma camiseta velha e um casaco cinza imundo que era tudo para mim — agasalho, cobertor, travesseiro. Dentro de suas limitações, aquela equipe da Operação Bandeirantes estava tentando ser gentil. E foi, pois ninguém melhor do que eles sabia o quanto aquela comida poderia me ajudar.

Quando voltamos à Operação Bandeirantes, estava formada a confusão. Marechal, o carcereiro, queria falar conosco sobre a tentativa de suicídio. Queria pedir que não tentássemos o suicídio em seu plantão, pois o atrapalharíamos demais. Felizmente para ele, a tentativa de Tito tinha sido no plantão de seu substituto. Prometemos que não tentaríamos nada. Marechal era uma pessoa que não se envolvia diretamente na tortura, nem procurava dificultar, especialmente, a vida de nenhum preso. Cumpria suas tarefas, abria e fechava as celas, levava e trazia os presos para suas sessões diárias de tortura.

De qualquer maneira, o suicídio de Tito não se consumara. Fora apenas uma tentativa e sua repercussão em nossas vidas era a de que não poderíamos, tão cedo, falar em fazer a barba. O que é que tinha acontecido realmente? Poucas pessoas sabiam explicar a causa da tentativa. Tito já estava no presídio Tiradentes e o retiraram para novas torturas. Aquilo era o pior que poderia acontecer a qualquer preso. Criam-se em nossas cabeças certas lógicas, certas regras: depois da tortura, passa-se por uma fase de espera no DOPS e vai-se para o presídio. Qualquer ruptura naquela lógica parecia insuportável, pois uma coisa é entrar na tortura quando se espera; outra é ser chamado para ela num momento de distensão, quando já se está tentando criar uma nova rotina dentro da vida carcerária. A quebra permanente dessas lógicas era um elemento próprio da tortura. Todos os que vão dormir esperam acordar com o amanhecer; na cadeia nem sempre acontece isso. Esse elemento inesperado pode ter tido um grande peso no desespero de frei Tito. Mas o que poderíamos dizer a respeito? Segundo Mariani, ele rezava em voz alta enquanto o sangue corria pelos seus pulsos. Mariani achou estranho aquele ritmo, aquela respiração, aquele tom. E botou a boca no mundo. É tudo que sei. O X3 vazio durante alguns dias, e depois disso vieram alguns parentes de Adamaris Lucena. Ela estava sendo torturada para contar onde estava o filho, seus gritos eram desesperantes mas foram se atenuando com o tempo. Passaram a prender pessoas próximas a ela, mais por falta do que fazer do que propriamente por terem encontrado um novo veio que os levaria à Vanguarda Popular Revolucionária.

Apesar de todo o drama que vivíamos, não sentia mais a tristeza dos primeiros dias. Estava agora junto aos companheiros, acompanhava seus problemas, eles acompanhavam os meus; contávamos casos antigos; perguntávamos pelas mesmas pessoas. A esquerda afinal não era assim tão grande. A maioria de nós se conhecia de nome. Muita gente mandava lembranças do Tiradentes, perguntava pela nossa saúde. Talvez o mais triste fosse o ex-sargento que ainda esperava ser libertado a qualquer instante. Os dias se passando, as celas se abriam e se fechavam, ninguém chamava mais pelo seu nome, nem mesmo a polícia estava interessada na história de criar galinhas nas proximidades de Montevidéu.

Antes de sair da Operação Bandeirantes para o DOPS, passava os dias que me restavam olhando o movimento de entrada na cadeia comum que ficava em frente. Tinham uma prisão comum ali na rua Tutóia e podíamos ver os presos entrando. Alguns chegavam mesmo a nos vislumbrar de suas celas e buscavam contato conosco. Policiais que os traziam, após as capturas, atravessavam o pátio e vinham nos dar uma olhada. Um deles soube que levei um tiro ao cair, e pediu que mostrasse a cicatriz da entrada e da saída da bala. Ele próprio havia levado cinco tiros e mostrou, minuciosamente, cada entrada e saída de bala, lamentando que a claridade fosse tão pouca, ali diante do X2. Disse que sua saúde melhorara muito depois que se restabelecera dos tiros e que agora era um novo homem. Também eu ficaria muito melhor, garantia ele, e não estava absolutamente ironizando. "Chumbo é bom pra saúde", dizia, enquanto se afastava para cumprir suas novas tarefas.

Jamais tive contato com advogado ou visita, naquele primeiro mês. Sentia que, àquela altura, as pessoas saberiam que estava preso ou morto. Não me preocupava tanto em informar isso. A vida na cadeia era absorvente demais, naquela primeira etapa, e consumia todas as energias. Recebia visitas rápidas dos próprios torturadores que, às vezes, baixavam para dar uma olhada. Houve também um humilde motorista que me pediu um papo reservado. Como estava sozinho no X2, encostei-me na grade e ouvi o que propunha. Queria que abrisse a Kombi do seqüestro para ele, pois tinha um amigo no Rio que poderia encontrá-la, trazê-la para São Paulo, mudar sua fachada e iniciar uma pequena empresa de transportes. Custou a acreditar que a Kombi do seqüestro tinha caído em poder do Exército ou da Marinha. Se não fosse por isso, quem sabe, a Kombi seria dele.

Saiu um pouco triste do pátio, dizendo que pobre não dava sorte. Quase que propus que entrasse na quadrilha que os soldados estavam preparando, pois com um ou dois assaltos a banco montaria sua empresa. Acontece que ninguém me autorizou a dizer que estavam preparando um assalto e, além do mais, era um absurdo pensar nisso, ficar na cadeia tentando ligar pequenas necessidades dispersas. Mas ele tinha razão: pobre não dava sorte. Eles viam as fortunas se formando, as divisões dos butins, e continuavam reduzidos aos seus salários. Os soldados ouviam falar de somas enormes e mal tinham dinheiro para comprar um jornal e acompanhar a página de esportes. Qual era a fórmula? Eles pareciam perseguir obsessivamente esta resposta que eu não tinha, ou melhor: não dava para explicar. Se fosse um bom militante faria uma preleção política. Mas tenho absoluta certeza de que entraria por um ouvido e sairia por outro e que no final diriam: muito bem, mas qual é a chance de se ficar rico antes dessa revolução?

Foi na Operação Bandeirantes que ouvi pela primeira vez uma frase que, com o tempo, se tornou habitual: junte suas coisas todas. Essa frase significava transferência. Fui para o DOPS de São Paulo, onde me meteram num quarto pequeno com mais dez pessoas. Todos já haviam passado pela Operação Bandeirantes, exceto um que estava sendo torturado no próprio DOPS. Chamava-se Ceará e passava as noites com as nádegas de fora, pois estavam em carne viva. Sofrera torturas insuportáveis, mas ainda encontrara tempo para conversar. Dizia que perguntavam coisas que desconhecia, mas que de qualquer forma não revelaria nada, mesmo se soubesse. Dizia com uma convicção tão humilde, tão pouco preocupada com a platéia, que tenho absoluta certeza que dele não arrancariam nada. Quantos não prometem mundos e fundos e deixam de cumprir? Ceará apenas voltava da tortura, baixava as calças, ficava de barriga para o chão e continuava a conversar conosco, como se tivesse sempre estado ali, naquela posição.

Tive um contato com Fleury e sua equipe. Antes parei na ante-sala de outro delegado. Perguntou se fora ferido à bala e respondi que sim. Perguntou se reagi à prisão, antes que me ferissem, disse que não, porque estava desarmado. Quer dizer que se estivesse armado reagiria? Balançou a cabeça desanimadamente e disse: essa gente só matando.

Fleury não tinha a incumbência de me interrogar mas estava fazendo as honras da casa para dois oficiais da Marinha que chegaram do Rio. Falavam sobre presos frescos, intactos, que seriam trocados de um lugar para o outro. O termo *fresco* queria dizer ainda não torturado. O oficial da Marinha me apresentou uma lista de jornalistas que encontrara na casa da Barão de Petrópolis. Era uma lista de convocação para a passeata dos Cem Mil. Confirmei que eram jornalistas que participaram da passeata dos Cem Mil. Ele gravava tudo atentamente. Várias vezes disse o que pensava: era uma lista inútil pois, politicamente, não havia o mínimo interesse em saber como fora organizada a passeata dos Cem Mil nem quem havia participado dela. Ele desligava o gravador nesses momentos.

Tive uma sensação de derrota ao ver aquela lista. Tive uma sensação de derrota também ao reconhecer minha letra naquele papel. Todo o contato se deu num clima negativo para mim. Não sei por que, foi um dos piores contatos naqueles dias de cadeia, e, afinal, já tinha desenvolvido uma boa experiência. Na ilha das Flores preparei um bilhete, reproduzindo mentalmente a lista e pedindo que se informasse a todas as pessoas que haviam sido incluídas nela.

Os dois oficiais da Marinha e Fleury sentiram-se à vontade para filosofar. Afirmavam que eu jamais seria um torturador, pois para ser torturador era preciso ter coragem e assumir as tarefas mais sujas de uma causa nobre. Concordei que jamais seria um torturador. Perguntavam: você teria coragem de nos torturar? Respondia: não. O diálogo não estava me interessando muito. Estava deprimido. Pensava que com base naquela lista iam prender os jornalistas que participaram dos Cem Mil e, além do mais, iam rodar a gravação com minha voz, confirmando que o nome deles estava na minha casa e fora escrito com minha letra. Temia a execração das pessoas, pois não teria condições de defesa, no fundo da cela onde me encontrava. Ninguém quer ficar preso vários anos e além disso ser desprezado pelos seus contemporâneos. Coisas assim iam me passando pela cabeça. Esses pavores às vezes aconteciam e sinto que aquele contato foi o pior contato que tive na cadeia. Em termos objetivos não creio ter dado nenhuma informação nova, que fosse desconhecida da polícia. Na ilha das Flores, enquanto esperava meu deslocamento para um hospital, fiz um bilhete contando exatamente o que se passara e mencionando os nomes da lista. O que me preocupava muito era o fato de que gravavam a conversação e detinham a marcha da cinta em certos momentos: poderiam compor um depoimento que não correspondia de fato ao conteúdo de nossa conversa.

Felizmente ninguém foi preso como resultado daquela conversação. O medo, de fato, nascia muito mais do meu subconsciente. Eu me sentia fraco e desorientado com a aparição daquela lista e não me importava muito se era ou não objetivamente importante. Fleury falava muito sobre a imprensa e jornalistas. De repente perguntou se conhecia uma pessoa. Disse que não. Ele respondeu: pois é, é minha prima. Percebi que toda aquela conversa era mais uma digressão e que o objetivo principal daquela gente da Marinha não era me interrogar. Creio que fui apenas uma conversa entre sessões mais importantes, com presos recém-capturados.

Saí dali, entretanto, cabisbaixo e pensativo. Como é que não conseguimos destruir uma lista tão elementar? E Toledo e eu fizemos mais de cinqüenta viagens ao toalete, para jogar papel picado.

Na noite seguinte, um grupo da Polícia Federal viria me apanhar na cadeia para me transportar para o Rio de Janeiro. Acabara a temporada de São Paulo. No caminho que nos levava à saída da cidade pensei ainda na prima de Fleury, por sinal uma pessoa que não se parece absolutamente com ele.

A viagem para o Rio foi tranqüila e quase feliz. Houve apenas um incidente na partida. O chefe da escolta mandou que revistassem meu casaco e viram que havia algum dinheiro lá dentro. Como é que aquele dinheiro tinha aparecido ali? Caíra com a roupa do corpo, passara pelo hospital e tinha ganhado alguns trapos na Operação Bandeirantes, provavelmente esquecidos por algum prisioneiro que fora liberado. Não sabia responder sobre a origem do dinheiro e disse apenas: é, apareceu aí.

A escolta da Polícia Federal se entreolhou um pouco irritada. Pensaram o que pensam mil vezes quando conversam conosco. Esses caras só ficam sérios debaixo de tortura. Normalmente ironizam ou mentem. Tentei localizar na memória a origem daquele dinheiro, mas, como não voltaram a fazer a pergunta, deixei a história morrer. Voltei ao assunto somente quando pararam na estrada para comer alguma coisa. Perguntaram se queria algo e pedi que me comprassem uma água mineral, com o meu dinheiro, naturalmente. Eles compraram. A Polícia Federal não se sentia muito envolvida naquela briga. Eram um pouco mais velhos, próximos da aposentadoria. Possivelmente tinham funcionado também nos curtos períodos democráticos que o Brasil conhecera e talvez por isso fossem menos agressivos contra os prisioneiros políticos.

O Rio era uma experiência muito importante para mim, desde garoto. Meu sonho sempre fora ver o mar e o Rio. Lembro-me de um romance, onde o herói subia numa colina para ver as luzes da cidade que amava. Creio que o romance era *Judas, o obscuro*. Uma vez, vivemos algo semelhante, pois fomos a Petrópolis com a promessa de subirmos ao ponto mais alto da estrada para ver as luzes do Rio. Tínhamos concluído um dos primeiros anos de ginásio e fomos conduzidos pelo diretor do colégio. Vimos tanta coisa em Petrópolis, castelos, dom Pedros, carruagens. Nada ficou realmente na minha memória, exceto a vontade de subir ao ponto mais alto para ver o Rio e o Hotel Quitandinha. O Hotel Quitandinha era enorme e as pessoas que circulavam dentro dele eram muito diferentes das pessoas da minha terra. Vi pela primeira vez na vida mulher que fumava e usava calças compridas. Seu Afrânio no princípio sorriu; depois assumiu um ar grave. Certamente pensou na decadência do mundo, mas decidira que o melhor era deixar que víssemos tudo, para nos fortalecermos em nossas opções virtuosas. Quanto melhor se conhece o mal, melhor se combate. A mulher era tão bonita e usava uma piteira. Todos nos apaixonamos por ela. Por que não existiam pessoas assim do lado de cá do mundo, do mundo regulado pelas cheias e baixas do Paraibuna, pela campainha anunciando novas aulas e novos recreios? Por que nossa professora de latim não vestia uma calça comprida e não fumava de piteira, fazendo círculos de fumaça com a boca e recitando, ardentemente, a primeira declinação?

Enquanto nosso ônibus azul e branco subia as montanhas em busca das luzes, pensava seriamente em fugir de casa. Tinha muito medo de que o outro mundo existisse apenas na minha cabeça, mas o Hotel Quitandinha e a mulher fumando eram exemplos concretos e recentes. O que é que se leva quando se foge de casa? E as pessoas que ficavam? Algumas mereciam também atravessar a fronteira. Seu Pironi, que pescava lambari com guarda-chuva; Conceição Doidinha, que poderia muito bem pintar os lábios, meter uma calça bem apertada e fumar de piteira; Raul, o ator que fazia o melhor Coração de Mãe, melhor inclusive que o do Circo Garcia. Quantas vezes não fomos buscar um coração no açougue do Teodoro e o levamos embrulhado para o circo, onde, à noite, com fundo musical, relâmpagos e tempestades, virava o coração de nossa própria mãe, que íamos dar de presente à amada. Raul fazia o campônio. O outro lado da fronteira não seria o mundo dos pescadores mágicos, dos campônios enamorados, das doidinhas e dos piores alunos de matemática do Ginásio Mariano Procópio?

O que adiantava o Rio sem as pessoas? Isso era o que eu me perguntava na pequena cela do DOPS chamada *Ratão*. Era o único preso, porque o DOPS estava em obras e os outros foram transferidos para o 31º Distrito, em Ricardo de Albuquerque. A cela era tão pequena que a pessoa mal podia se mexer, ou mesmo estirar o corpo para dormir em paz. Chamava-se *Ratão* porque havia ratos que mordiam os presos. Naquela noite não apareceu nenhum rato e foi sorte deles. Eu estava tão furioso com os homens que acabaria tentando morder os ratos. O grande problema era o cheiro de tinta fresca no corredor penetrando na cela. Aquilo me deixava tonto e sem respiração.

Várias vezes bati na porta para ir ao banheiro. Perceberam que era um truque para sair mas não se importaram muito. Era tão claramente injusto me colocar na menor cela de uma cadeia vazia que as sucessivas saídas ao banheiro acabaram sendo também uma concessão para que eu não aborrecesse muito. Numa delas, cruzei com um jovem policial negro. Conversamos rapidamente e ele me disse que estava pensando em largar aquilo. Na semana anterior participara de um cerco a um garoto que morreu com um tiro na cabeça. Chamava-se Zé Roberto. Perguntou se conhecia, descreveu o cerco e considerou horrível a experiência de ver um garoto tão jovem morrer daquela maneira. Voltei para minha cela disposto a me mexer pouco para respirar o mínimo possível. Detestava aquela sensação de afogamento em seco que a tinta provocava, e agora a própria respiração ficou mais curta com aquela notícia. Sentei-me no *Ratão*, pensando na mãe que morreu num balão de oxigênio com o câncer comendo seus pulmões. Pensei em Zé Roberto, nas conversas que tínhamos sobre a revolução. O que adiantaria sobreviver quando tantos, melhores do que nós, desapareciam?

No dia seguinte, uma equipe da Marinha veio me buscar e me conduziu num Volkswagen para a ilha das Cobras. Fiquei pouco tempo por ali. Discutimos um pouco, tiraram as impressões digitais e comentaram animadamente o cerco que nos moveram, durante e após o seqüestro do embaixador americano. Falavam comigo como se fosse um velho conhecido deles. E era. Com isso de perseguir a pessoa, prender os amigos, vasculhar os seus papéis, você acaba conhecendo um pouco. Fui tratado cordialmente pelo Cenimar, desde o primeiro momento até o último em que estive em poder da Marinha. No fim da tarde decidiram me conduzir para a ilha das Flores. Entrei num barco pequeno onde havia um outro preso algemado. Perguntei seu nome e ele disse: Humberto, MR-8. Perguntou o meu e, quando respondi, fez uma cara tão triste que fiquei comovido. Balançou a cabeça, desanimadamente, demonstrando que lamentava minha queda. Não o conhecia antes mas fiquei mais uma vez admirado com a fraternidade que havia entre as pessoas presas. Era horrível ter caído, mas uma reação como aquela atenuava muito a tristeza da prisão. Sorri para ele e apontei o mar com o queixo: a Guanabara. Olhamos a paisagem em conjunto, enquanto os fuzileiros navais nos olhavam, apontando suas armas. O barquinho, que deslizava no domingo azul do mar, havia apenas alguns anos, nos levava agora, com todos os sonhos e derrotas da classe média urbana brasileira, para a ilha das Flores. A tardinha caía e os fuzileiros nos olhavam, talvez os mesmos fuzileiros do almirante Aragão. O mundo dava muitas voltas, mas aquele mar era uma constante na minha vida. Foi bom ter sido transferido para o Rio, apesar de tudo. Na Operação Bandeirantes, jamais teria tantas notícias dos amigos, jamais poderia rever a paisagem que um dia desfrutei em liberdade. Os movimentos dos peixes, os reflexos na água azul, tudo isso era razão para que nos comunicássemos em silêncio. Foi um bom passeio, mas já começava a sentir que não resistiria àquela noite. As dores nos rins eram muitas, a noite maldormida tinha contribuído para isso, e com a notícia da morte de Zé Roberto deixei cair minha resistência.

Quando chegamos à ilha das Flores todos os presos nos saudavam. A notícia de nossa chegada corria de xadrez em xadrez, aos gritos ou pelo telefone, que consistia em colocar a caneca na parede e falar através dela. Passei por várias celas e compreendi, um pouco pelos olhares, que estava deplorável. Tinha menos doze quilos, não havia dormido e estava curvo como se tivesse noventa anos de idade. Ao passar por uma das celas, Wilson Negão me estendeu um chinelo. Perguntei: é pra mim? Ele disse: claro!

Insistiam, apesar de tudo, em me manter isolado sob o argumento de que ainda teria que depor na Marinha e no Exército. Um fuzileiro naval indicou a cela onde deveria ficar e fez uma ligeira preleção sobre tentativa de fuga. Disse que atirava sem hesitar e que era bom atirador. Era uma preleção de rotina, pois meu estado revelava, claramente, que seria a última pessoa a fugir da ilha das Flores. As moças que estavam na cela dos fundos souberam da nossa chegada e começaram a cantar para nós. Cada um de nós dava o que podia — um par de chinelos, uma canção. Márcia conseguiu sair de seu lugar e me passou um copo de laranjada. Ao meu lado, também isolada, uma garota da

Bahia cantava canções populares, canções cantadas na porta da igreja pelos cegos. Pelo menos foi o que me explicou quando o guarda saiu da nossa proximidade.

Minha crise era muito forte. Com a ajuda do telefone comuniquei a Cláudio que estava muito mal. Coágulos baixavam dos rins e abriam passagem, dolorosamente, pelo canal do pênis. Desabotoei a calça e deixei que os coágulos saíssem e explodissem na parede. As paredes da cela ficaram manchadas de sangue. Mesmo o guarda jamais tinha visto algo tão horrível. Parecia a bola de sangue que se forma quando uma cabra dá à luz.

Durante toda a noite, os presos da ilha das Flores se moveram para me salvar. Batiam canecas, gritavam com o guarda, cantavam em coro, enfim, perturbaram de tal forma que, na manhã seguinte, havia uma barca para me levar de volta à praça XV, onde ficaria no Hospital da Marinha durante uma semana. Não posso me esquecer da ilha das Flores. Tudo era tão mais Rio de Janeiro: o uniforme dos fuzileiros navais, a brisa, o barco que levava e trazia as pessoas, os sotaques em *x*. Uma coisa ficava bem clara: os presos tinham passado por dolorosos processos de tortura e humilhação, mas estavam organizados e unidos para tudo o que viesse. Era um coletivo impressionante. Podiam até não chegar ao poder, mas eram as pessoas que eu mais admirava ali naquele começo de 1970.

Nunca mais voltei à ilha das Flores. Dei muita bandeira, pedindo para voltar. Acabaram desconfiando que me sentira bem ali. Passei alguns dias no Hospital da Marinha, onde uma freira me emprestou livros de Hermann Hesse e tirei algumas radiografias do local atingido pela bala. Meus depoimentos eram feitos sem tortura e, certa vez, um dos oficiais chegou a dizer que preferia que eu terminasse o almoço antes de começar a me ouvir. Percebi que estava ficando velho de cadeia, que já não interessava mais a ninguém. Eram depoimentos de rotina e ele conhecia mais a estrutura atual da O. que eu próprio.

Ai de quem relaxa e diz, a si próprio na cadeia, que o pior já passou. Fui transferido para a PE da Barão de Mesquita, onde o clima era de guerra. Quase que de estalo, o silêncio do hospital, as leituras de Hesse, as imagens das freiras de branco se dissiparam na minha cabeça. Assim que entrei no prédio, alguém gritou nas minhas costas:

"Mãos pro alto e cara pra parede."

Percebi pelo tom que era coisa séria. Ouvi movimentos de novos carros chegando, passos na escada, possivelmente presos escoltados. À esquerda, havia o corredor onde funcionava a sala de tortura e, no fundo, estavam as celas individuais. No corredor algumas pessoas eram forçadas pelos torturadores a lamber o chão e a parede. Tentei acompanhar o espetáculo, discretamente, mas levei uma porrada nas costas. Gomes Carneiro, que, na época, usava um bigode, gritou para o cabo de plantão:

"Leva este cara pra cima que ele está cheirando a merda. Olha como fede. É insuportável."

O cara que, segundo ele, fedia a merda era eu. Aquilo era apenas o início de um processo comum na PE. Tratava-se da desmoralização permanente do preso, de sua preparação para o interrogatório. O cabo que me levou para cima chamava-se Gil. Era muito orgulhoso de seu nome. Sempre que estava por chegar, anunciava em voz alta: "Está chegando o cabo de três letras". Jamais esqueci seu nome por causa disso.

Na cela grande da PE estava todo mundo que havia sido preso nos últimos dias. A maioria era de membros do PCBR. A atmosfera estava marcada pela tortura ainda em curso e pelos cadáveres, sobretudo o de Mário Alves, morto ali no andar de baixo. Saudei a todos e percebi, imediatamente, que alguns ainda estavam sendo chamados, constantemente, para fechar histórias. Cada vez que o cabo Gil aparecia na porta havia um suspense. Quem baixaria agora?

Lembro-me de Augusto, um ex-oficial de cavalaria, acusado de pertencer ao comitê central do PCBR. Tinha uma postura física irrepreensível, apesar dos seus sessenta anos. Perto dele, com aquele tiro nas cotas, eu parecia um velho reumático. Contava histórias de 37 e dizia que, na Fortaleza de Santa Cruz, as condições de prisão eram piores que as daquela cela grande da PE. Segundo ele, ficavam todos dentro da água, molhados até o joelho. Ainda bem que não estávamos em 37, pensava, tentando me consolar a respeito da nova situação. A apenas alguns metros abaixo de nós, aconteciam coisas certamente muito mais graves do que naquela época. Mário Alves fora trucidado e morrera com um pedaço de pau enterrado no ânus. E de quem eram aqueles gritos agora?

Em poucas horas, formei um quadro provisório daquela cela grande, que chamávamos Maracanã. Parece que esta é a única denominação que temos para representar um lugar de tamanho maior. Saudei alguns jornalistas que tinham atuado comigo no movimento sindical. Todos eles foram muito torturados, mas estavam bem de saúde e bem de moral. Senti que algumas pessoas encostadas num canto da cela eram inocentes. Não sei por que, mas senti que não tinham nada a ver com nada. E estava mais ou menos certo. Com o tempo, comecei a considerar aquele canto como o canto dos inocentes. De vez em quando, baixava um para a tortura. Fernando, por exemplo, era patético. Não sabia absolutamente nada a respeito de política ou de luta armada. Apanhava violentamente e, quando voltava à cela, quebrado pelo pau-de-arara e choques elétricos, mostrava ingenuamente as palavras que aprendera na tortura.

"Dizem que sou dirigente da VAR-Palmares. Querem saber quais são os meus pontos. Pontos são os lugares onde as pessoas encontram com as outras, eu creio. E aparelho é a casa onde moram. VAR-Palmares, ponto, aparelho." Ele parecia perplexo com aquelas expressões que iam se ajuntando ao seu vocabulário.

Às vezes voltava com o olho arregalado e perguntava:

"Escuta aqui, o que é um grupo tático?"

Um deles estava ali porque pegou uma carona para o Maracanã com um amigo chamado Razek. O amigo era militante e tinha um ponto. Ele viajava ao seu lado com a bandeira do Flamengo na mão, completamente despreocupado. O amigo pediu um tempo, parou a Rural perto do passeio público e foi ao seu ponto. Nisso, a polícia que estava no ponto prendeu Razek apontando metralhadoras contra a sua cabeça. Ele tinha se afastado um pouco, para tentar achar um botequim. Antes de sair, entretanto, aconselhara Razek a não estacionar em cima do passeio. Quando voltou do botequim e viu seu amigo cercado pensou: esses caras do Detran exageraram, por que não multar apenas? Quando se aproximou para protestar contra a violência policial diante de uma simples infração de trânsito, foi preso e levado também para a PE da Barão de Mesquita, onde ficou um mês tentando entender.

O canto dos inocentes era o canto mais triste. Ali esperavam a qualquer instante que descobrissem sua inocência. Quando o cabo Gil subia para chamar alguém, alguns queriam que fosse o seu nome, e às vezes era: só que no lugar de liberdade eram enfiados naquela sala roxa chamada boate, onde dez homens gritavam ao mesmo tempo no seu ouvido, onde eram pendurados no pau-de-arara, enforcados, afogados.

De vez em quando, um tenente chamado Bacalhau dizia que poderíamos mandar bilhetes para fora. Eles escreviam pateticamente seus bilhetes. Muitos nem sequer sabiam que os bilhetes morreriam na gaveta de Bacalhau ou que seriam motivo de risada entre os torturadores.

Aquele canto, contudo, ficou para mim como símbolo. Depois de alguns dias de PE, pude ver a libertação de um deles. Era o flamenguista que, humildemente, pediu sua bandeira apreendida na Rural Willys. Nunca mais, entretanto, o caminho do Maracanã seria o mesmo para ele. O que vira ali na PE transformara completamente sua visão de mundo. Ele dizia: não tenho lado, mas, se um dia tomar partido, tomarei contra as pessoas que brutalizam as outras dessa forma.

Com o canto dos inocentes, entretanto, aprendi muita coisa. Não sei se saberia expressar exatamente o quê. O fato é que nós catalogávamos as experiências, comparávamos a repressão de um momento histórico à repressão de outro momento histórico, tentávamos desmontar o mecanismo moderno da tortura, que para nós era completamente inédito mas possível de ser analisado. Essas operações eram menos freqüentes entre eles. Quando escreviam num bilhete para suas mulheres que esperavam encontrá-las em breve, que eram inocentes, estavam sendo sinceros. Quando diziam que tinham medo da tortura, o diziam abertamente; quando ficavam desapontados por não terem sido soltos no fim da tarde, o faziam sem nenhum mistério especial. Eles ousavam esperar. Nós éramos prisioneiros dos militares mas, num certo sentido, éramos também prisioneiros de nossa lógica. Quando um deles chorava no seu canto, todos se resignavam porque, afinal de contas, os inocentes não tinham problemas em chorar. Nós tínhamos toda a imagem por trabalhar; imagem diante dos companheiros, diante da repressão. Os inocentes eram o nosso lado mais emocional, vivido de coração escancarado, apesar da polícia. O que seria de nós sem eles? O intenso processo de racionalização a que éramos forçados pelas circunstâncias, e com base em nossa formação política, naturalmente nos poupava sofrimento. Mas também nos roubava o lado inocente que, nos olhos deles, aparecia com toda a força: o escândalo diante da violência; a saudade da vida lá fora, da liberdade nos seus mínimos detalhes.

Seria inexato dizer que eles não se dedicaram a tarefas de catalogar e racionalizar aquela situação absurda em que se meteram. Da mesma forma, seria inexato dizer que não nos indignávamos com a violência. Eram as ênfases que se diferenciavam: havia uma divisão de trabalho. O problema é que muitos sentiam essa divisão como uma hierarquia, sem perceber o quanto ganhamos com os inocentes.

Ninguém poderia prever, com exatidão, o que estava se passando dentro das prisões brasileiras. Todos nós, em diferentes níveis, estávamos estupefatos. Por mais que nós enviássemos bilhetes da cadeia, por mais que colecionássemos histórias escabrosas, não conseguiríamos apreender aquele processo em sua complexidade, antes de vivê-lo na carne. Preparávamos álibis, escrevíamos manuais sobre comportamento na tortura, antevíamos nossas fraquezas e qualidades, mas, no fundo, fomos surpreendidos com o que vimos no interior dos quartéis. Eram gigantescos os mecanismos montados para nos destruir. Às vezes, antes de dormir, dizia a mim próprio que nos tratavam como inimigos de guerra. Mas era apenas um consolo. E daí? E se fôssemos prisioneiros de guerra vindos de outro país, ou mesmo de outro planeta? Uma civilização que tratava dessa forma seus prisioneiros de guerra precisaria ser repensada de alto a baixo. Também eu era um produto dessa civilização. O inimigo, num certo sentido, dava a dimensão de minha estatura. Se ele estava afundado na pré-história, não era possível que eu tivesse os dois pés plantados na história; ainda mais eu que não acredito numa divisão assim tão cristalina entre bem e mal. Nunca mais poderia pensar em ser brasileiro, sem levar em conta essa realidade. Depois da PE da Barão de Mesquita, todos nós, inocentes ou não, ficamos horrorizados com o Brasil e com o ser humano. Creio que começava a entender a tentativa de suicídio de frei Tito de Alencar, na Operação Bandeirantes. Mas não estou autorizado a especular sobre a tentativa de suicídio de ninguém. Apenas digo: compreendi a possibilidade do suicídio.

Ainda na PE desci e baixei várias vezes para interrogatório. Nosso sistema defensivo funcionava bem. Cada vez que alguém baixava era esperado ansiosamente pelos companheiros. Algumas famílias fizeram entrar frutas e meu pai colocou uma lata de goiabada vinda de Minas. Recolhíamos aquilo tudo, fazíamos um fundo coletivo e, cada vez que alguém voltava da sala de interrogatório, era recebido carinhosamente. Fazíamos um círculo em torno da pessoa, curávamos os ferimentos com os poucos recursos que tínhamos, dávamos uma das frutas que estavam na reserva. A solidariedade tornava possível suportar aquela situação e, às vezes, até cantávamos. Alguns soldados permitiam; outros não. Houve soldados que pediam que cantássemos porque se aborreciam ali em cima, tirando guarda diante das celas.

Havia uma outra decepção importante. Augusto me dizia que em 37 fora pior. Não discutia com ele sobre o assunto, porque não tinha a mínima condição de falar de um período quando não havia ainda nascido e sobre o qual era um pouco ignorante. Apenas pressentia que tínhamos um movimento de apresentar o passado como pior, em suma, de confiar no progresso. Mas os mecanismos de tortura que estavam sendo postos em prática eram a própria razão em marcha. Os grupos de analistas estudavam nossos interrogatórios; os computadores eletrônicos trabalhavam para responder às perguntas mais elementares a respeito de cada preso, num tempo recorde; médicos desenvolveram uma grande capacidade de apontar os limites da resistência física, de recuperar feridos para novas sessões de tortura, de dissimular as marcas. O progresso dera à tortura dimensões e qualidades inéditas na história do Brasil. Deixaram de lado as palmatórias, os cigarros e charutos apagados no corpo, dos tempos de Filinto Müller. Entrávamos na era da eletrônica e das ciências do comportamento e víamos isso, dentro da cadeia, graças à barbaridade.

Ainda quando estava na PE, fomos chamados a depor na auditoria. De São Paulo vieram Paulo de Tarso e Manuel Cirilo, também implicados no processo do embaixador americano. Todo o processo de intimidação que ocorrera comigo estava se repetindo com eles. Foram colocados nos corredores e eram constantemente espancados. Conversamos sobre isso, numa das chances que tivemos. Percebi que as pessoas mais antigas de cadeia tinham desenvolvido mecanismos defensivos mais complexos. Manuel e Paulo eram chutados, de passagem, por um capitão e ficavam desmaiados quase meia hora. Isso aborrecia um pouco e desestimulava aqueles chutes a esmo.

Quando o carro nos levava para a auditoria, pensei muito em que falar. Como sempre, o discurso saiu diferente do que pensara. Pensei também em denunciar a morte de Mário Alves. Era o mais importante para mim. Entre os jornalistas, vi algumas caras conhecidas e queridas. Falei: mataram Mário Alves, descubram o que houve com Mário Alves. O juiz permitiu que recebêssemos visitas. Foram as primeiras pessoas que vi. Estava com fome e pedi um sanduíche. Quando voltei, pensei em colocar a questão de Mário Alves dentro da minha fala, de maneira que ficasse inequívoca. Apenas consegui balbuciar algumas frases defendendo o seqüestro do embaixador americano e conseguiram cortar meu discurso, usando os mecanismos de rotina na Justiça Militar.

Voltei para a PE, entretanto, bastante satisfeito comigo mesmo: estava seguro de que entraria no pau, depois de tudo que falamos, de toda a tortura que denunciamos. Mas era a única forma possível de evitar o aniquilamento. Quem não resistisse de alguma forma ali seria tragado. Pensei: de novo vou para o pau mas a paz dos Gomes Carneiros, dos Avórios, dos Fonteneles me parece insuportável. Para surpresa minha fui devolvido diretamente à minha cela. No outro dia fui chamado e vi um torturador com um artigo da *Última Hora* sobre o que se passara na auditoria. Creio que havia uma foto minha na primeira página. Eles estavam furiosos, mas a tortura naquelas circunstâncias era inadequada. Os torturadores da PE me consideravam sem importância. Os critérios básicos para eles eram: ser de direção e ter nível de preparação militar. O que escapasse disso era considerado secundário. Além do mais, viera de São Paulo, onde se dera o grosso dos interrogatórios. Era um preso velho, assim como Manuel e Paulo, que foram deixados no corredor e, de vez em quando, pisoteados por quem passasse.

As pessoas que vi na auditoria foram Marília, com quem vivi, e a mãe de Helena. Pouco conseguimos falar. Entre os jornalistas, reconhecia apenas o rosto de Carminho, que tinha sido repórter do *Correio de Minas* e trabalhava agora para *Veja*. Pensei em saudá-lo, mas era meio difícil ali, naquelas circunstâncias. Senti que quase todos me olhavam com simpatia. No caminho de volta, houve algumas moças sussurrando nos nossos ouvidos que éramos ótimos. E isso apesar da escolta da PE. Foi uma visão rápida do mundo exterior, mas muito feliz, o bastante para nos dar forças na volta à boca do leão.

Em alguma parte, em algum caderno perdido no Chile, anotei algumas reflexões sobre a técnica da tortura que pude observar na PE e na Operação Bandeirantes. Cheguei a apresentá-las de cabeça na sessão do Tribunal Bertrand Russell, em Roma, na primavera de 74. Depois fui largando de mão essas preocupações. Se a razão tinha produzido a tortura, era correto abordá-la teoricamente? Coisas assim tolas iam me passando pela cabeça.

Se atuavam de acordo com um plano, com base num caderno de estudo com todas as fases numeradas e bem catalogadas, como nos cursos de vendedores, seria legítimo fazer também um contracaderno numerado e deixar pelo caminho apenas algumas preocupações, algumas notas desordenadas?

Na PE e na Operação Bandeirantes, antes de começar a torturar alguém, de um modo geral apresentavam para a pessoa um companheiro que já tivesse sido torturado. De preferência, alguém que fosse considerado importante na esquerda, um líder. E antes de começar a torturar davam dezenas de pequenas ordens, para fazer ver ao preso que ele estava sob controle completo, para quebrar profundamente sua vontade. E, quando perguntavam, tinham o costume de gritar, todos ao mesmo tempo, para evitar muita reflexão. Às vezes, chamavam um prisioneiro para rodar a manivela que daria o choque no outro prisioneiro, fazendo com que muitos tivessem a experiência do torturador e quebrando as diferenças que poderiam existir. Tudo isso está em algum livro, tudo isso foi estudado em algum curso. É possível que, somente com a fase pré-tortura, tenham consumido uma ou duas semanas de aulas intensas, de provas, de discussões acaloradas no recreio.

Ainda quando estava no JB, vi publicada uma foto de um oficial do Exército crucificado. Fazia parte de um treinamento antiguerrilheiro que desenvolviam em Resende, no estado do Rio. A foto correu mundo e, em muitos lugares, foi apresentada como uma prova da tortura no Brasil. Era falsa como prova da tortura. O oficial estava apenas participando de um treinamento e, às vezes, a legenda o apresentava como se fosse, de fato, um guerrilheiro capturado.

Li aquela reportagem do JB sem nenhum interesse especial, na época. A foto era chocante mas o texto a atenuava. Afinal, tratava-se apenas de um exercício destinado a preparar os soldados para a eventualidade de uma guerra. Todos queriam estar nas melhores condições físicas e morais possíveis, caso capturados pelo inimigo. O texto ficou na minha cabeça e, várias vezes, vi as mesmas técnicas sendo aplicadas: a desmoralização dos líderes, a queda da solidariedade grupal, a recompensa física pelas informações dadas.

O artigo fora publicado no segundo caderno, dedicado, de um modo geral, às questões amenas. Seu tom era confortante. A tortura era algo que poderia acontecer com nossos soldados, caso caíssem nas mãos do inimigo. A tortura era o inimigo. O fato, porém, é que existia, desde aquela época, uma técnica em estudo. Era possível examinar o que fizeram os alemães na Segunda Guerra Mundial, o que fizeram os franceses na Argélia, os norte-americanos no Vietnã. E sobretudo era possível, no dia-a-dia das cadeias comuns, examinar a eficácia das técnicas e instrumentos inteiramente nacionais, tais como o pau-de-arara.

Na primavera de 74, quando viajei para Roma, levei comigo uma gravação feita com o estudante de medicina João Lopes Salgado. Ele estivera com Lamarca na Bahia e sobrevivera ao massacre. Segundo seu depoimento, vários camponeses foram crucificados num campo de futebol, nas mesmas circunstâncias que a foto descrevia. O que era diferente é que ficavam ali, num lugar público, para que todos pudessem observar, claramente, o que acontecia com camponeses que ajudavam pessoas de oposição ao governo.

Possivelmente o estudo da tortura não começou com 64. Ela existiu muito antes como uma técnica de guerra. Mas é, na realidade, uma arma desesperada de quem está correndo contra o tempo. Por baixo dos gritos de pontos e aparelho era possível perceber que, em muitas faces, não havia ódio, mas pura e simplesmente a realização de um balé em conjunto, rigorosamente ensaiado. É muito possível que alguns tenham começado achando que torturavam por uma causa nobre. Mesmo esses, no final, acabariam percebendo que as causas nobres não torturam. E caíram nas alegrias da guerra: a divisão dos butins, a rapina.

Da PE fomos transferidos num grupo para o DOPS. Deixamos atrás alguns companheiros e nos despedimos com tristeza. Era horrível ficar ali, ouvindo diariamente os gritos de tortura, vendo passar a cada instante os torturadores, ou mesmo os prisioneiros que ainda estavam nas solitárias. Estes eram torturados quase diariamente, perdiam peso e tinham marcas no corpo. Era difícil fugir à imagem do campo de concentração que o cinema nos tinha dado durante todos os anos do pós-guerra. Na PE, ficavam também para sempre os mortos — Mário Alves empalado é a presença dominante quando ainda pensamos naquele prédio da Barão de Mesquita, na Tijuca.

Havia também a alegria de partir. De novo nos meteram de cara para a parede, de novo nos deram pontapés e culatradas nas costas, mas acabaram nos transferindo. Gomes Carneiro, com quem tive apenas um contato de algumas horas, gritava do corredor:

"Levem esses merdas daqui."

Pura provocação. Pensei que tivesse me despedindo para sempre da PE. Mas estava em guarda com esta palavra "para sempre". Evitava-a com muito cuidado.

O DOPS, no centro do Rio de Janeiro, parecia um piquenique dominical comparado à PE. Mesmo o inspetor Mário Borges, que tanto temíamos durante as manifestações de 68, não era mais perigoso naquele momento do que a diretoria do Grupo Escolar Duarte de Abreu, em Juiz de Fora. Vínhamos da barra-pesada da PE. Quase todos nos respeitavam. Mário Borges chegou até a nos saudar e, várias vezes, foi à cela conversar conosco.

No DOPS conseguimos recuperar forças. Comecei a fazer ginástica para readquirir uma postura adequada e a comer mais para ganhar peso. Fiz contato com amigos que me mandaram uma calça e algumas camisas. Com o tempo, recebi um rádio. Minha alimentação era enriquecida por uma série de produtos especiais que se compravam em farmácia e se dissolviam no leite ou na água. Líamos cotidianamente os jornais e seu Antônio chegou mesmo a se comprometer a comprar dois iogurtes diários para mim, pois era uma recomendação médica após o tiro no estômago. Seu Antônio era uma excelente figura. Varria o DOPS e nos tratava igualmente, a presos e policiais. Seus critérios de diferenciação eram outros: a simpatia, o respeito mútuo.

Daquele período do DOPS, lembro-me muito bem de um episódio: o seqüestro do cônsul japonês em São Paulo. O escrivão Mazini entrou várias vezes assustado na minha cela e dizia para os outros: é possível que ele saia, é possível que esteja na lista. Eu fingia que estava dormindo, porque não queria ouvir aquelas conversas. Tinha vindo de São Paulo, mas não queria me fazer ilusões. Tinha muito medo de me decepcionar. Não era bom baixar a guarda e considerar a cadeia como algo que se ia abandonar rapidamente.

Quando a lista do seqüestro saiu e as cinco pessoas foram mandadas para o México, estávamos sendo transferidos para o 31º Distrito Policial. O DOPS entraria de novo em obras e tínhamos de sair. Era uma pena. O DOPS era uma estação intermediária entre os lugares de tortura direta e a penitenciária onde iríamos cumprir a pena. Todos desejavam ficar ali o máximo de tempo possível. Os funcionários sabiam e montaram um dispositivo de transferências tal que, em muitos casos, enriqueceram, cobrando diárias de quem não queria sair dali. Outro negócio a que se dedicavam era o de dificultar a libertação dos inocentes, também para conseguir dinheiro. O escrivão Mazini nos dizia, diariamente, que nada tinha contra nós: era apenas um cumpridor de ordens. Segundo ele, no dia mesmo em que triunfássemos, estaria sentado na sua mesa, pronto para interrogar os presos que designássemos. Era verdade que nada tinha contra nós, inclusive nos achava simpáticos. Com a eclosão da guerrilha urbana, centenas de novos presos passaram por ali. Os negócios prosperavam. No DOPS havia gente que era só gentil, sem cuidar da corrupção. Lembro-me de um delegado que nos recebeu. Ele se chamava Maurício, creio. Era calvo e muito tímido. Fora jogado ali um pouco acidentalmente, e logo nas primeiras frases ficava evidente que nada tinha com a guerra. Lembro-me dele, sentado na mesa, olhando-me um pouco assustado:

“Tudo vai correr bem aqui”, dizia. “Espero que vocês gostem. Sejam bem-vindos.”

A tradição de tortura e repressão do DOPS havia sido deslocada para outros centros. Dentro do quadro geral, a instituição passou a desempenhar o papel transitório e secundário na tomada dos depoimentos para a Justiça Militar. Os órgãos militares já possuíam todos os dados que de fato informariam o julgamento das auditorias militares.

O 31º Distrito Policial foi colhido na malha. Era o regra três do DOPS. Sempre que havia obras, transferiam os presos políticos para lá. Seu interior era completamente diferente do que imaginara. Ia ali aos domingos, mas da sala de visitas não tinha a mínima idéia do que se passava lá dentro. Fomos colocados numa cela abaixo do nível do corredor e tínhamos de nos acomodar ali, onze pessoas num espaço de cerca de oito metros quadrados.

As grades ficavam num nível tal que, para ver o corredor e falar com as pessoas do lado de fora, tínhamos de ficar pendurados, como macacos no zoológico. Nessa posição incômoda abri os olhos para um problema mais sério que o nosso: o problema dos presos comuns, os outros.

O 31º Distrito era muito animado. Os detetives tinham de preencher uma cota de prisões ou coisa parecida e, às vezes, saíam às ruas prendendo todo mundo: gente que esqueceu a carteira de trabalho em casa, loucos e homossexuais pobres. Era um vaivém incessante de presos entrando e de presos saindo para o depósito, uma outra estação de espera. Assisti àquilo tudo, já com possibilidade de conversar, de discutir, de fazer amizades. Conheci prisioneiros de várias classes sociais e achei interessante como o Brasil se reproduzia simetricamente ali dentro da cadeia.

Geraldo da Beatriz era acusado de ser traficante de cocaína. Sua mãe, Beatriz, era acusada de ser dona de bordéis no Mangue. Geraldo era rico e sua situação bastante diferente da de muitos outros. Ele tinha muito poder dentro da cadeia. Seu carro ficava parado na porta do distrito e, todos os dias, os detetives iam limpá-lo e esquentar o seu motor para que Geraldo, ao ser libertado, não tivesse que perder tempo aquecendo a máquina nem tivesse que dirigir um carro empoeirado. Geraldo tentava usar seu poder de uma forma simpática. Várias vezes chegou à nossa cela e perguntou o que é que podia fazer por nós. Um dia pedi que me conseguisse um copo de batida de limão porque não bebia nada havia quase dois meses. Ele fez a batida de limão chegar à cela, em menos de uma hora. Tentação, que funcionava nos corredores, limpando e transportando comida, apareceu com uma pequena garrafa térmica e me disse:

"Está aí o café."

Era a batida de limão prometida por Geraldo. Mas ninguém fazia nada pelos homossexuais que eram presos ali. Constantemente era renovado o plantel, porque o distrito policial necessitava deles na limpeza e no transporte interno. Eram presos apenas porque eram homossexuais pobres e forçados a um trabalho não remunerado dentro da cadeia. Várias vezes, expressamos nossa solidariedade a eles. Como gente de esquerda, achávamos que aquilo era um insulto — prender as pessoas por suas opções sexuais e, além do mais, forçá-las ao trabalho. Eles compreendiam nossa solidariedade e creio que a apreciavam. No entanto, queriam mais que a nossa solidariedade: constantemente jogavam beijos para nossa cela. Não respondíamos: havia a carreira política e toda aquela coisa de quem pensa em ocupar o conselho da revolução ou mesmo em ser um senador por um partido de esquerda: não se pode jogar beijo para homossexuais, num distrito policial do subúrbio.

Eles eram a alegria do 31º Distrito. Tentação, Marlene, Dora e outros sabiam construir roupas maravilhosas dos trapos mais imundos. De noite, faziam um desfile de modas no corredor, às vezes com fundo musical. Estavam muito mais próximos dos artistas e dos mágicos do que nós. Tudo o que podíamos fazer era protestar quando os policiais vinham nos mostrar os seios que eles desenvolveram à custa de hormônios. Eram mostrados como se mostram bichos ou se mostram mercadorias.

Um dia, os policiais chegaram com um garoto de quinze anos e fizeram com que mostrasse seus seios diante de nossa cela. Fiquei indignado com um olho mas olhei curiosamente com o outro olho. Jamais tinha visto aquilo, exceto em fotografia ou em cinema. Minha ambivalência. Só posso falar dela. Os companheiros são hoje sérios pais de família, respeitáveis membros de algum comitê central. Não pensem que o interesse surgiu porque eles se pareciam com mulher. Marlene não tinha seios e me parecia o mais atraente. Gostava de me pendurar na cela para vê-lo desfilar, ao som da música de um rádio de pilha, ou mesmo ao som do coro feito por eles próprios. Aplaudia aquelas invenções dentro das minhas possibilidades, isto é, tentando não cair das grades onde estava dependurado.

Quando o desfile acabou, creio que numa noite de março, os policiais entraram nos corredores com uma leva de presos. Levaram quase todos e deixaram apenas Tentação, que tinha prática nos serviços internos e fazia o contato com uma pensão que vendia comida para os presos. A nova leva trouxe dois loucos. Um deles foi jogado na cela dos fundos, à nossa direita, emitia sons horrorosos e vestia um macacão cinza. Claro que não podia se defender: não falava. Sua prisão arredondaria alguma cota e era um caso difícil: ele não tinha carteira de trabalho, logo, legalmente, seria jogado na vadiagem, com prisão de noventa dias. Até uma nova batida policial, que o traria de novo para aquele inferno.

O segundo louco foi colocado dentro do banheiro, na entrada do distrito. Era um negro magro e curtido. Ele começou a falar alto, desoladamente. Depois de algum tempo, decidiu voltar ao seu trabalho. Ele tinha sido ajudante de caminhão e resolvera encostar um caminhão hipotético ali, naquela noite no 31º Distrito. Gritava desesperadamente:

"Não, seu Carvalho, calma, seu Carvalho. Vai bater, vai bater."

No princípio, pensamos que aquilo duraria apenas alguns minutos, o tempo da reprodução do próprio ato de encostar um caminhão. Acontece que a manobra era prolongada indefinidamente. Continuava desolado e sua voz era cada vez mais desesperada:

"Não dá, não dá. Vamos fazer de novo. Diabo de empresa

que só tem mau motorista", gritava ele. "Agora, um pouco pra esquerda, afasta..."

Rodávamos em nossas esteiras de palha, sem conseguir dormir com aquela tentativa frustrante. Cada vez que o caminhão se aproximava do ponto, surgia um problema e era preciso recomeçar tudo. Ele odiava os motoristas.

Jader, Gentile e eu subimos nas grades e começamos a gritar também. Estabelecemos um contato com ele. Repetíamos todas as suas instruções a seu Carvalho:

"Afasta, seu Carvalho, pra esquerda, agora, agora. Não, seu Carvalho, vai bater..."

Gritávamos freneticamente e aos poucos fomos reduzindo aquele caminhão hipotético para uma encostada tranqüila:

"Afasta, seu Carvalho; agora vai dar, seu Carvalho; quase deu, seu Carvalho!"

Quando, depois de meia hora de gritos em comum, nós e ele, conseguimos gritar "Boa, seu Carvalho", "Desliga, seu Carvalho", "Está bem, seu Carvalho", respiramos aliviados e deixamos nossos corpos praticamente caírem na esteira. Havíamos gastado horas de energia emocional tentando encostar aquele caminhão e somente no final tínhamos passado realmente para a iniciativa, gritando junto com ele, porque essa era a única maneira de encostar caminhões numa firma com motoristas incompetentes.

Os policiais nos olhavam com os olhos esbugalhados e diziam entre si:

"Os terroristas viraram o fio também."

Os terroristas estavam cansados e tensos. As pessoas eram tratadas assim no Brasil. Quem não tinha trabalho era preso daquele jeito e sofria daquele jeito. Às empresas não interessavam os irrecuperáveis para o mercado de trabalho. Cabia à polícia liquidá-los. Quando passassem à loucura, fariam uma lobotomia ou pura e simplesmente os jogariam num dos rios disponíveis. Até que ponto não fomos cúmplices disso, nós da esquerda? Até que ponto não somos simetricamente injustos com aqueles que não pertencem ao mercado de trabalho, que não são trabalhadores reais ou em potencial? Nunca nos comovemos de fato com o Esquadrão da Morte — as misérias e torturas que se passavam nos porões da polícia comum eram apenas injustiças que iam desaparecer com o socialismo. Marginal não dá voto, marginal não faz greve. A violência a que era submetido o preso comum não foi discutida em detalhe, não foi analisada minuciosamente. Não estaríamos reproduzindo em relação a eles aquele mesmo mal-estar, aquela mesma pressa de encerrar o assunto que era comum nas classes médias quando se falava de tortura aos presos políticos? Tudo isso ia se revelando dolorosamente lógico. Era lógico que fizessem isso no Brasil, pois até a esquerda, até a oposição, parecia bastante insensível para essa dimensão da violência. As táticas e os programas são para as classes sociais. Os marginais eram desclassificados: fogo neles. Pois é: não é a polícia brasileira que é violenta. Nós somos violentos. Há uma parte nossa que espera lugar no museu de horrores da humanidade.

Quando nos deram um banho de sol em Ricardo de Albuquerque, improvisamos um jogo de futebol com bola de papel. Fui atingido numa das jogadas e tivemos que pedir uma ambulância. O ferimento mal curado no pé tinha reaberto com o choque. Fizemos estancar o sangue e esperamos, pacientemente, a ambulância. Aquele ferimento me incomodava desde São Paulo. Não tinha nada a ver diretamente com a bala. Foi apenas uma operação, creio que para fazer transfusão de sangue ou para injetar algum tipo de soro através do pé. Não fechava nunca.

A ambulância chegou depois de algumas horas. A equipe, toda de branco, ficou postada no corredor. Não queriam entrar na cela pois tinham medo. A polícia não queria me tirar da cela pois era contra o regulamento. O banho de sol tinha sido uma exceção, e, além do mais, havia condições de segurança excepcionais naquele momento. Agora era impossível tirar alguém da cela. Como é que iam me atender naquelas circunstâncias?

Jader deu um passo à frente e tentou argumentar. Explicou que não éramos monstros como a propaganda oficial nos pintava. Disse que nada tínhamos contra ninguém em particular, muito menos contra jovens médicos e enfermeiros que se dedicavam à salvação de vidas. A argumentação adiantou pouco. O chefe da equipe propôs uma solução conciliatória: eu levantaria o pé dentro da cela e eles conseguiriam uma lanterna para me iluminar. Com isso veriam tão bem como se estivéssemos próximos. Assim fui atendido: fiquei com o pé levantado, apoiado por alguns companheiros, eles jogaram um facho de luz e receitaram sulfa, como fariam de qualquer jeito.

Jader chegou a me pedir que risse para eles, me fizesse um pouco mais simpático. Mas o que adiantaria rir para eles? Estavam tão apavorados com os terroristas que iam considerar o riso uma armadilha para dissipar suas resistências. Se eu risse ia ser de ironia. Só não o fiz porque o pé estava doendo. A cena era típica: três chapeuzinhos vermelhos no corredor, iluminando o pé do lobo que estava amparado por outros lobos, todos querendo comê-los. O que Jader propunha, no fundo, era que imitássemos a avozinha. Mas não ia funcionar. Aqueles chapeuzinhos vermelhos tinham sido instruídos sobre o lobo e seus disfarces. Os caçadores, armados até os dentes, olhavam aquele espetáculo com um certo desinteresse. Foi minha última lembrança do 31º Distrito Policial. Algumas outras permaneceram: o cheiro da cadeia, a visão da comida que nos ofereciam, a tristeza das pessoas sendo transferidas para o depósito de presos.

Aquele louco de macacão gritando coisas que não entendíamos e tirando sons da garganta que não se comparam com nada que encontramos em nossa lembrança talvez tenha achado a canção exata e as palavras adequadas para descrever. Só que teremos que avançar muito para compreender sua mensagem. Suponho que voltou ao mundo dos bichos por achar a humanidade inviável.

A ilha Grande não merecia ser um presídio. Desde as casas brancas dos pescadores que foram ficando para trás, lá embaixo, no Abraão, até os caminhos sinuosos que vão cortando as montanhas, tudo parece um cenário de liberdade. Olho para baixo e lá está o azul para se mergulhar, aquela faixa molhada da praia onde costumamos caminhar para refrescar os pés, o toque da brisa. Além do mais há mato, vegetação, verde. Tudo aqui é tão selvagem, tão natural, como é que poderiam ter imaginado um presídio nesta ilha? Teria sido um requinte de crueldade deixar que os punidos se lembrem diariamente da água, da areia, da brisa e do mato?

Quando chegamos, todos os presos que tinham vista para a entrada estavam colocados nas grades das celas. Queriam ver as novas caras. A ilha seria o presídio de muito anos, o lugar onde ficaríamos, talvez para sempre. Íamos olhando todo aquele cenário curiosos, mas também com uma certa calma de quem vai reencontrá-lo muitas vezes. Passamos a guarda na entrada, penetramos no prédio branco, ganhamos uniformes e fomos introduzidos na galeria dos presos políticos. Ali estavam os marinheiros presos por terem participado da Associação dos Marinheiros em 64, um ou outro grupo independente de assaltantes de banco e, agora, nosso grupo, de mais ou menos vinte pessoas.

Olhar uma cela onde se espera passar o resto da vida nem sempre é muito confortante. Claro que ela vai parecer pequena e desajeitada. Todos começaram a pensar nas ligeiras modificações que poderiam introduzir, aqui e ali, para tornar o ambiente mais suportável. Havia muita luz, as celas eram limpas, e durante algum tempo suas portas eram mantidas abertas e nos encontrávamos nos corredores. Volta e meia, entretanto, chegava a notícia de tranca dura. Qualquer pequena variação na conjuntura política, ou mesmo nas nossas relações com o diretor do presídio, significava tranca dura: portas fechadas, que se abriam apenas para que nos encaminhássemos, em fila indiana, para o refeitório.

Escolhíamos as companhias. Na fase inicial ocupávamos uma cela de dois, Daniel e eu. Gostávamos de especular e contar histórias e isso ajuda numa cadeia, desde que se tome cuidado para não repetir. Em algumas, havia até uma cota de repetições, para a inclusão de nove detalhes: pode-se contar nove vezes a mesma história.

Na ilha Grande, por iniciativa coletiva, iniciamos um curso

geral, que chamávamos Universidade do Povo. Os estudantes de engenharia ensinavam matemática, Daniel ensinava história do Brasil. Um dos marinheiros se interessou tanto que chegou a copiar horários, criar um quadro de avisos. No final era chamado de reitor.

Nossa cela tinha uma vista para um canto da praia e dava para o pátio externo. Dormia-se com a luz acesa e os soldados faziam guarda, olhando-nos do lado de fora. Às vezes acordava com um soldado armado de fuzil me olhando. No princípio me assustava, mas depois me acostumei. A comida da ilha Grande era razoável e nós poderíamos incluir sempre alguma coisa, sobretudo os temperos. Em cada mesa havia farinha à vontade. Comíamos feijão com farinha, colocávamos uma pimenta aqui e ali, e também íamos nos acostumando.

Sempre via os dois prisioneiros de Juiz de Fora passando pelo lado de fora. Eles estavam na comum. Um deles foi vereador. Chamava-se Antônio Jesus Garcia e foi preso porque matou o rapaz que amava. O outro era Clodismith Riani, líder sindical, acusado de corrupção, exatamente para evitar que tivesse as vantagens dos presos políticos. Um homossexual vítima de sua paixão desenfreada, um anarcossindicalista que queria levar o país ao caos e um sanguinário terrorista que queria implantar doutrinas exóticas no Brasil eram a modesta contribuição de Juiz de Fora àquele presídio. Tínhamos apenas 180 mil habitantes na época.

Nossa cela dava para um mundo sinistro: as solitárias. Sempre que havia problemas traziam alguém para as solitárias, tomando o cuidado de nos trancarem para evitar os protestos e os zunzuns que a gente fazia. A solitária do canto era colada na nossa cela e, quando alguém estava lá, tentávamos uma comunicação. Até um buraco comunicante chegou a ser feito e algumas coisas davam para ser introduzidas. Numa das noites, tentei o contato e não obtive resposta. O preso gritava a noite inteira e não dava os toques de praxe na parede. Aquilo me intrigava um pouco.

Na manhã seguinte à essa noite de gritos, tiraram-me para ir à auditoria na cidade. Quando estava entrando no barco no

Abraão, fiquei sabendo do que se tratava. Um guarda me contou que o homem que estava na solitária era paralítico, andava de muleta e retiraram sua muleta. Além disso, algemaram-no às grades. Compreendi por que gritava e por que não respondia aos meus toques desesperados.

Fui para o fundo do barco com olhos cheios de lágrimas. Na época era o único preso político que estava viajando. No mesmo porão iam uns quinze presos comuns. Um deles, que tinha um rádio de pilha na mão, aproximou-se de mim. Parecia descendente de imigrante: meio louro, de olhos claros. Perguntou se queria ouvir um pouco de rádio e começou a conversar. Sabia quem eu era e queria conhecer minha história. Rapidamente consegui me desvencilhar de minha história e fazer com que me contasse a sua. Era Lúcio Flávio Vilar Lírio e, no cabo de algumas horas de viagem, propunha que fugíssemos juntos quando chegássemos ao PP, na Milton Dias Moreira.

Ele me contou algumas de suas fugas. A mais perigosa tinha sido no Recife, onde os homens atiraram para valer e quase o mataram. A vida na cadeia não tinha sentido sem um plano de fuga, dizia ele. Apontava para todos os presos no porão do navio e sussurrava: cada um deles tem um plano de fuga, todos estão fingindo de mortos, parecem pensar no céu e nos anjos mas estão, na verdade, pensando em suas fugas, no que farão quando se virem em liberdade. Por que eu estava tão indeciso?

O porão do barco cheirava a cebola e batata. Transportavam comida para o presídio naquele mesmo barco. Estávamos praticamente em jejum. O café-da-manhã fora curto e, como não tinha experiência daquelas viagens, não comi o suficiente. O barco jogava, o estômago roncava de fome e o cheiro de batata e cebola velhas penetrava duramente nas narinas. Lúcio Flávio tinha razão: o negócio era fugir. Éramos tratados como bichos, transportados como saco de batatas e as imagens da noite anterior, do paralítico algemado nas grades da cela, ainda perturbavam minha cabeça. Fugir como, fugir para onde? Ele poderia reconstituir sua quadrilha e assaltar carros. E eu? Não era assaltante, não sabia nem dirigir direito, não tinha talento especial para mecânica e ligações diretas. Além do mais, uma fuga naquelas circunstâncias, sem casa nem lugar certo para ficar, significaria, rapidamente, uma nova prisão e um excelente pretexto para que me matassem. Mesmo sem tarefas, mesmo sem contato com a Organização, mesmo sem casa, a liberdade era melhor. Os riscos eram muito grandes, contudo.

"Não posso", disse. "Me pegam rápido e matam rápido. Quero viver."

Lúcio Flávio voltou à carga e me perguntou se isso era vida. Dificilmente poderia responder que sim, pois estava quase vomitando. Disse apenas que era uma morte provisória. Ainda não tínhamos dito a última palavra. No fundo, contava com um seqüestro, ou com uma fuga organizada.

Entramos no caminhão que nos levaria à cidade. Era um caminhão construído de forma a que houvesse pouco ar e quase nenhuma visibilidade na parte destinada aos presos. Não é correto compará-lo a um caminhão frigorífico de bois. Foi pensado para gente e gente viva. Todos os detalhes para causar sofrimento estavam ali. Até uma nesga de luz que nos permitia tentar ver a paisagem. Mas a paisagem era apreendida em movimento e em pedaços tão pequenos que não conseguíamos ter idéia: uma raiz de árvore, vegetação rasteira, terra, o chão, terra, uma raiz de árvore, vegetação rasteira.

Cada vez mais sentia que ia vomitar. Não queria. Nunca quero, mas ali naquele lugar seria um sofrimento a mais para mim e para os outros. Pedi música, tentamos ligar uma música, esticando a antena. Distraí-me naquela busca e me agüentei. Lúcio Flávio falou de seu pai, disse que seu pai era amigo de um ministro, contou algumas histórias da ilha Grande, sobretudo quanto ao tráfico de fumo. Os policiais controlavam tudo. Muitos castigos eram humilhantes: as pessoas eram forçadas a desfilar em trajes ridículos diante de todos os prisioneiros. O que acontecera na noite anterior, na solitária, era apenas uma idéia pálida do sofrimento por que se passava ali. E não adiantava mudar. Não adiantava porque o Brasil era o Brasil, porra. Por que não fugir?

Disse que ia pensar. Quando chegamos ao PP fomos separados. Fiquei numa solitária. Antes fui submetido a uma revista humilhante. Os guardas queriam tirar a desforra da fuga que os marinheiros do MAR tinham realizado na Lemos de Brito. Estavam furiosos com os políticos e não nos queriam de forma alguma. Tiraram minha roupa, abriram minhas pernas para ver se não tinha nada escondido no ânus. Decidi aceitar a revista e guardar forças para uma briga depois. Estava com fome — a mareação havia passado e meu estômago ficara entregue aos seus ácidos e rumores. Várias vezes tinha sido alertado para cuidar do estômago. Por aí, poderia surgir algum problema futuro, causado pelo tiro. E eu cuidava. Era preciso sobreviver e manter a dignidade, buscando sempre uma combinação adequada entre esses dois movimentos. Nem sempre isso é possível. Lembrar é, muitas vezes, escolher cuidadosamente o lado positivo e esquecer os momentos em que ficamos nus de bunda pra cima, enquanto eles se divertiam fazendo a inspeção.

Fui jogado numa solitária. Tenente Pequeno, que era o responsável, afirmou que não havia condições de segurança para que ficasse numa cela comum. Além do mais não queria que me misturasse aos presos porque seria estuprado. Creio que em parte raciocinava corretamente. Acontece que não me estuprariam o dia inteiro. Sempre haveria um tempo para convencê-los de que aquela vida era miserável e que organizados poderíamos nos amotinar. Tenente Pequeno temia mais o motim do que o estupro. No caminho da solitária, passei por várias celas, em algumas parei para conversar. Perguntava pelo xerife, às vezes falava sobre a ilha Grande, se estava cheia ou não, coisas assim. Havia um certo respeito por quem vinha da ilha Grande. Era a barra-pesada. Lúcio Flávio e eu, dentro daquele caminhão escuro, olhávamos aquelas caras sofridas e comentávamos o mais baixo possível: gente brava tá aí.

A solitária era minúscula, tinha um estrado onde poderia dormir e um sanitário desses que a pessoa se agacha para usá-lo. Havia uma grade no alto que dava para o pátio da penitenciária, onde haviam feito a revista. Cruzei com muita gente no corredor. Passei a vê-los com os olhos de Lúcio Flávio: estavam tristes e encurralados mas tinham um plano de fuga. E eu? Não tinha nada, exceto uma vontade de aborrecer os homens até consumir todas minhas energias.

No princípio, divertia-me escalando a cela como um gato e me escorando nas grades para ver Santa Teresa. Tinha a impressão de que aquela paisagem eram os altos de Santa Teresa. Era um exercício limitado, pois os braços ficavam dormentes e tinha que cair de modo mais ou menos suave para não chamar a atenção do guarda. Era um brinquedo ver Santa Teresa. Lembrei-me de um brinquedo de infância, chamado Ver vovó. Os garotos maiores que a gente nos pegavam, apertando as palmas das mãos contra nossos ouvidos, e nos levantavam. A lembrança de Ver vovó era sempre um pouco dolorosa. Também o era o brinquedo de ver Santa Teresa, só que as dores não eram na cabeça e sim nos braços.

De vez em quando tentava contato com o prisioneiro ao lado. Nada. De vez em quando tentava contato com um guarda. Pedia coisas. Depois de certo tempo, perceberam minhas tentativas e passavam sem dar atenção. Um dos guardas entretanto parou, pois estava na hora de me darem comida. Pedi a ele papel e lápis e, de posse do papel e lápis, fiquei algumas horas pensando em como utilizar aquela arma. Tentava contato com o prisioneiro do lado e nada.

Os dias se passavam e ainda não conseguia achar um caminho que me tirasse daquele buraco. As refeições eram marcos que me davam uma idéia do tempo, assim como a luz que entrava pelas grades onde via Santa Teresa. Era copa do mundo. Havia jogos sempre e conseguia ouvi-los através dos rádios que se ligavam nos pátios. Os presos comuns recebiam visitas. Ouvi um pedaço do jogo Brasil e Tchecoslováquia. Eles tinham um ponteiro que fazia gols, se ajoelhavam e traçavam um sinal-da-cruz. Creio que era isso. Brasil, Brasil, Brasil — pra frente, Brasil! Ganharíamos aquela copa do mundo? Nosso time era razoável, era bom. As visitas terminavam, as partidas terminavam, adeus ouvintes do Brasil, e nenhum contato com a solitária ao lado era feito.

Tinha uma preocupação muito grande em regular meu sono. Há uma tendência a dormir. Mas dormir de dia é muito ruim. Você no meio da noite e, de noite, não acontece nada. Durante o dia havia barulhos, gritos.

Alguém gritava do alto:

"Aí vagabundo, tá na cela dos Bíblia, vagabundo, seguro de cu, malandro?"

A cela dos Bíblia era o lugar onde não havia casamentos forçados. Talvez não houvesse casamento de forma alguma. Os Bíblia eram testemunhas de Jeová e muitos se convertiam somente para desfrutar de uma atmosfera onde não eram vítimas de violências sexuais. A conversão, entretanto, era vista como algo bastante depreciativo, nessas circunstâncias. O forte era escolher um parceiro e se impor sobre ele. O forte era ser o lado ativo e violento do casamento.

Consegui escrever um manifesto com papel e lápis. Minhas condições de cadeia eram indignas e como preso político exigia um tratamento diferente. Caso não me dessem, iria protestar na imprensa, denunciaria aos jornais estrangeiros, enfim, mostraria exatamente o que faziam conosco, com os adversários da ditadura militar. A Lemos de Brito seria responsabilizada diretamente pelo desgaste do governo e possivelmente seus diretores seriam ouvidos sobre o assunto. Esse último tópico era o lance desesperado. Pensei: se consigo pescá-los por aí, se consigo convencê-los de que sua medíocre carreira está ameaçada de alguma forma, poderei mobilizá-los. Não é que subestime os homens, mas diretor de cadeia conheço mais ou menos, e tinha uma intuição de por onde atacar.

A carta-manifesto, escrita a lápis e de forma bem nítida, estava pronta. Restava resolver um outro problema: parar um guarda e fazer com que entregasse o documento. A situação estava se tornando difícil para mim. Apareceram muquiranas na minha cela e tinha sido picado por elas. Era ruim dormir ali, sozinho, cercado de muquiranas, que são insetos repelentes, sem protestar, sem fazer nada. Chamei um guarda e ele não parou. Senti apenas que estava ainda no campo de audição e disse:

"Tenho denúncias importantes escritas aqui. Seus superiores vão gostar."

O guarda deu meia-volta. Fingiu que não escutou, mas não andou mais. Lembrei-me dos passarinhos que chegavam ao alçapão. Ele vira o alpiste, não ia comer, mas estava sem forças para se afastar. Repeti a mesma frase, ele se aproximou e recolheu o papel que eu havia escrito pelo mesmo buraco por onde entrava a comida. A batalha, pensada e planejada durante toda uma semana, ia começar a ser ganha. Sentei no estrado e deixei que as muquiranas me picassem aqui e ali. Pensei: aproveitem, amigas, porque em breve salto.

As grandes sensações de minha vida são quando deixo um lugar que parece já superado. Esse adeus antecipado, esse olhar para as coisas que parecem ser um capítulo encerrado, me dão uma incrível sensação de movimento e a vida me parece um carrossel, permanentemente rodando.

Algumas horas depois, chegaram à minha cela o guarda, o tenente Pequeno e um dos diretores do sistema penitenciário. O diretor acenava o papel amarrotado onde escrevi a carta e me perguntava duramente: o que é isso? Respondi simplesmente: isso é isso, seu doutor.

O tom era severo demais. Mas o que adiantava a severidade? Eles tinham mordido a isca. O diretor queria saber o que significavam condições indignas de cadeia. Apontei para a solitária, mostrei como o estrado era duro, falei das muquiranas. Ele conseguiu ver uma delas e disse:

"Não são muquiranas. São insetos de praia. Na minha casa, que é na zona Sul, você encontra desses insetos."

Argumentei que eram muquiranas. Se existiam na casa dele, aconselhava a dedetizar imediatamente. Era um perigo para a família, para os filhos. Gostei muito das perguntas que fazia, dava margem para a discussão. Falava pelos cotovelos. A simples possibilidade de uma discussão prolongada era sentida como uma vitória.

O que é que eu queria? Propus sair dali e, novamente, responderam que não havia celas. Não podiam me deixar em qualquer cela por causa do estupro. Propus a cela dos Bíblia. Não permitiram. Só poderia ir ali tomar um banho e passar direto, sem muita conversa. Então queria tomar banho, queria uma esteira para dormir e queria um rádio emprestado ou então que deixassem entrar em contato com alguma pessoa da família para que trouxesse as coisas. Queria sair o mais rápido possível e ficar junto com os outros presos, de preferência no DOPS. O DOPS também estava ligado ao governo estadual. Por que não me transferir? Por que comprar uma briga? Ele era o vice-diretor, o diretor não estava. Imagine a confusão depois, para explicar. Nós queríamos paz. Paz com a Susipe.

Fui transferido para o DOPS no dia seguinte. Fui à cela dos Bíblia, tomei banho e, na volta, parei na cela ao lado da minha. Tentei um contato direto com o guarda que vigiava. Moisés Gaguinho, que matou Luz del Fuego, estava lá. Completamente louco, não dizia coisa com coisa. Compreendi por que não respondera aos meus toques. Consegui mais papel com os Bíblia, por via das dúvidas. Louvado seja Deus.

Voltei à ilha Grande e soube, no caminho, que Lúcio Flávio e mais oito prisioneiros tinham fugido. A fuga fora feita numa das dependências da Justiça. Todos foram ao banheiro e saíram por um buraco que havia no teto. Fuga amolecida, mas de qualquer forma fuga, liberdade. Que se cuidassem todos.

Transferiram-me de cela na ilha Grande e passei, creio, somente uma ou duas semanas mais. Estava com um marinheiro ouvindo rádio, numa noite, e um locutor uruguaio lera, emocionado, uma notícia de seqüestro do embaixador alemão em Santa Teresa. O seqüestro tinha sido feito em condições militares exatas e parece que até a luz da rua tinham apagado com um tiro.

Tentei sintonizar outras rádios mas imediatamente as portas se abriram e os rádios foram confiscados. Entraríamos em regime de tranca dura a partir daquele momento. E agora? Como saber se o seqüestro daria certo, como acompanhar a evolução? As celas davam para o pátio; no pátio passavam os presos comuns. Eles ouviam tudo, iam fazendo chegar a nós todas as informações. No café-da-manhã do dia seguinte, fui informado de que um pequeno aparelho de rádio escapara à revista. Queriam quarenta prisioneiros em troca do embaixador alemão. A qualquer momento surgiria a lista.

Ninguém dormiu direito na ilha Grande. A brutalidade da cadeia, o peso daquelas portas de metal, a tristeza daqueles corredores, a violência contra os presos comuns, tudo isso ia desfilando na minha cabeça. Parecia que algo dentro de mim havia rompido. Todos os mecanismos dedicados a agüentar a cadeia, a tolerar os anos de espera que estavam diante de nós, caíram por terra. Passei a ver a cadeia com toda a clareza: uma experiência insuportável. Passei a ver a cadeia com os olhos de quem ia abandoná-la. E não tinha a mínima idéia se meu nome estava na lista.

Quando clareou na ilha Grande, alguém disse que a lista já havia sido divulgada. Iam dar bom dia aos nomes dos presos que sairiam. Ouvi os gritos ao longe: bom dia, Daniel, bom dia Domingos, bom dia Fausto, bom dia, Gabeira...

Fomos transportados para Bangu para apanhar Tania, que sairia de lá. A Susipe resolveu nos oferecer um almoço feito pelas próprias detentas. Eram mulheres maravilhosas, algumas de mais de cinqüenta anos. Comemos nhoque e o diretor que tinha me tirado da solitária veio me saudar:

"Você podia ter dito que sairia num seqüestro."

Que é isso, seu doutor? Como é que ia saber de seqüestro? Não temos nenhum contato com o mundo exterior. Ele também comeu seu nhoque, os policiais da escolta depositaram suas armas pesadas, tomamos alguns guaranás e nos despedimos das presas, agradecendo o almoço. Saudei o diretor e disse que pensava em encontrá-lo em outras circunstâncias. E sinceramente minha idéia era de que a próxima complicação não seria de forma nenhuma vivida numa cela da Dias Moreira.

Tudo parecia ir muito bem. Tínhamos cortado o cabelo, tínhamos feito a barba. Acabávamos de comer um almoço caseiro, muito bem-feito, e pensávamos que íamos entrar no avião e partir para a Argélia. O camburão que nos levou andou muito pouco para ter parado no aeroporto, pensava eu enquanto estacionavam. Mandaram que saíssemos e constatamos, muito rapidamente, que nem tudo tinha terminado: estávamos no mesmo corredor da Barão de Mesquita e os torturadores nos olhavam sinceramente indignados com nossa felicidade.

Daniel, Domingos, Fausto e eu fomos colocados numa cela no primeiro andar. Sentíamos que outros prisioneiros estavam por lá. Tentávamos contatos, perguntávamos, mas não conseguíamos estabelecer o quadro completo. Não sabíamos a composição completa da lista. Havia algumas dúvidas. Queria saber de Vera. Chamei o cabo Gil numa de suas passagens e pedi para que entregasse um cigarro a Vera. Não a conhecia pessoalmente, mas, que diabo, éramos do mesmo seqüestro e a vida em liberdade estava por começar. Cabo Gil entregou o cigarro e disse que ela agradeceu. Boa: Vera estava na lista e estava na PE.

Passamos a noite tentando entender. Da nossa cela, podia ouvir os barulhos de carros lá fora. Acompanhei os mínimos detalhes. Irradiava todos os movimentos para Daniel. Não sabíamos o que fazer com aquelas informações fragmentadas: parou um carro, bateram as portas; de todas as maneiras, era a nossa forma de enfrentar a situação. Sabíamos de tudo que ocorria no nosso campo auditivo e tentávamos trabalhar a realidade a partir dali. Os carros que estacionaram seriam os que nos levariam ao aeroporto? Se bateram as portas, ou vão demorar ou não são eles, pois normalmente deixariam as portas abertas de uma vez. Com essas especulações, tentávamos evitar a questão principal para a qual só o tempo daria a resposta naquela cela: caiu ou não caiu a casa do seqüestro, vão nos matar ou nos liberar?

Domingos foi chamado para depor. Pensamos que seria torturado. Combinamos uma série de sinais. Se a tortura fosse pra valer, três gritos curtos; se fosse mais ou menos, um longo e um curto; se fosse apenas para intimidar, três gritos longos. Domingos baixou, demorou alguns instantes lá embaixo e emitiu os três gritos longos, aparentemente cheios de dor. Respiramos aliviados. Era de fato uma tortura leve em relação às outras e visava desmontar um plano de fuga na ilha Grande, coisa que na realidade não existia. Jogaram um gás nos olhos de Domingos e ele voltou para a cela sofrendo. Passou a noite inteira reclamando das dores na vista, mas o dia amanheceu e, com ele, a notícia de que seríamos libertados.

Fomos transferidos para o aeroporto militar do Galeão. Os torturadores estavam furiosos. Sublimaram sua fúria num frenesi de fotos e impressões digitais. Gomes Carneiro quase chorou, lamentando que tanto trabalho e risco fossem perdidos daquela forma. Na Aeronáutica, pudemos ficar juntos alguns instantes e nos saudamos afetuosamente, todos os quarenta prisioneiros, em vias de serem liberados. Muitos se conheciam de nome, tinham referências comuns. Aquilo parecia uma festa a seco e sem música.

Fomos colocados num avião da Varig, algemados dois a dois. Cada dupla era protegida por um policial no avião. Visto de fora aquele avião parecia um avião normal. Lá dentro, entretanto, a animação era enorme. As pessoas falavam umas com as outras, independentemente de estarem nos mesmos bancos; o major Fontenele pulava de lugar em lugar para fechar histórias; os policiais se perguntavam como gastariam os dólares que receberiam pelo serviço especial no exterior.

A Varig nos serviu uma comida ótima: filé com batatas. A comida era boa demais para quem estivera tanto tempo na cadeia. O único problema era que faltava espaço. Uma comida daquelas, numa situação daquelas, pedia amplos campos para que nossos cotovelos se movessem com facilidade. Comida de avião é muito bem organizada no prato, os movimentos que tínhamos de fazer eram muito cuidadosos para não entornar nada — enfim, já estávamos fora da cadeia mas ainda estávamos encerrados dentro de um avião.

Meu companheiro de poltrona contou muitas ações armadas que fez. Ele estava algemado comigo e se movia muito, de forma que, a cada ação, me forçava também a fazer um pouco de força. Sucediam-se choques com a polícia, bombas explodindo, coberturas detendo os camburões com tiros certeiros, guardas sendo desarmados espetacularmente. Meu Deus, pensava, quando é que vai acabar essa revolução pra eu descansar um pouco?

O policial ao meu lado disse que tinha tido um primo comunista em Goiás. Respondi que tinha tido um tio tuberculoso em Minas. Ele me perguntou onde poderia comprar alguma coisa na Argélia. Disse que tinha de ficar atento à palavra *souvenir*; *sou-ve-nir*. No que visse aquela palavra, podia parar e comprar. Dança do ventre, não sabia se existia ou não na Argélia. Pela minha experiência, inclusive, achava que não deveriam se desapontar muito se o governo argelino recomendasse que voltassem direto do aeroporto. Que não ficasse triste. No aeroporto poderia encontrar a palavra *sou-ve-nir* e comprar alguma coisa.

O policial queria descansar um pouco. Olhava-nos sem nenhum rancor. Vera estava paralítica, mas não estava morta. Movia-se com a parte superior do corpo e estava tentando convencer o policial que a escoltava a passar um bilhete.

Daqui a pouco estaríamos na Argélia. O governo havia decretado nossa morte oficial assinando uma pena de banimento, mas, paradoxalmente, começávamos a viver. Lembro-me como se fosse hoje da baía da Guanabara, das praias, da cidade do Rio de Janeiro desaparecendo de nossa visão. Se soubesse que seria por tanto tempo até que pediria para disporem os personagens na pista para que eu os saudasse pela última vez: a mãe, os detetives luzindo os carros de Geraldo da Beatriz, Tentação e Marlene, Gomes Carneiro com a mão tapando o nariz, o almirante Aragão hesitando em resistir ao golpe, Ana, Dominguinho, Zé Roberto, o amigo morto e mais o delegado do DOPS de Juiz de Fora gritando: vou contar à tua avó que você está incitando a luta de classe...

Se soubesse que era por muito tempo ou talvez para sempre, se soubesse que não era eu que estava partindo, mas que o carrossel empurrava aquele avião para um caminho, num certo sentido, sem volta, até que diria: tchau, Vera Cruz; tchau, Santa Cruz; tchau, Brasil.

GLOSSÁRIO

Este pequeno glossário, elaborado com a colaboração do autor e dirigido principalmente ao leitor jovem, não se pretende exaustivo. A idéia é esclarecer alguns pontos (siglas, nomes, eventos, organizações) que tenham sido citados no livro sem maiores contextualizações.

ABI Associação Brasileira de Imprensa. Tem sede no Rio de Janeiro e funciona até hoje. Foi o espaço usado pelos jornalistas para organizarem o movimento sindical que apoiou as manifestações estudantis na década de 60.

ALMIRANTE CÂNDIDO ARAGÃO comandante dos Fuzileiros Navais, também conhecido como almirante do povo. Era uma das esperanças de resistência militar ao golpe de 64.

ALN Aliança de Libertação Nacional. Organização de esquerda fundada por Carlos Marighela, que foi dirigente do Partido Comunista Brasileiro. Empolgado com a revolução cubana e crítico do papel do PCB, Marighela resolveu comandar uma dissidência e iniciar as ações armadas no Brasil. Foi morto pela repressão, após a prisão de monges dominicanos que davam apoio logístico à ALN. Ao lado de Carlos Lamarca, Marighela foi um dos líderes mais importantes da luta armada no Brasil. Chegou a redigir um Manual de Guerrilha Urbana, traduzido para vários idiomas.

ANTÔNIO DUARTE marujo da Associação dos Marinheiros, foi preso no Brasil mas acabou escapando e viveu o exílio na Suécia, onde se formou em antropologia. A Associação era o espaço onde se organizavam os marujos que deram apoio ao governo João Goulart e cuja rebeldia era considerada intolerável pelos setores dominantes.

ANTONIO GRAMSCI político e filósofo italiano, foi um dos fundadores do Partido Comunista Italiano e autor de grande influência nos anos 60 e 70. Passou vinte anos preso. Introduziu, entre outras, as idéias de aparelho de Estado, sociedade civil e intelectual orgânico. *Os intelectuais e a organização da cultura*, *Socialismo e fascismo* e *O materialismo histórico e a filosofia de Benedetto Crosce* são algumas de suas obras.

AP Ação Popular. Organização de origem católica que participou da luta armada.

AUDITORIA órgão da justiça militar onde os presos tinham de depor e onde eram julgados.

CACO centro acadêmico da faculdade de direito do Rio.

CAPITANI um dos líderes da revolta dos marujos, foi preso durante o regime militar e conseguiu escapar com vida.

CAPITÃO AVÓRIO torturador que foi promovido a coronel nos últimos anos de ditadura e serviu como adido militar em Londres. Perdeu seu posto, sob pressão das forças políticas britânicas.

CARLOS LAMARCA capitão do Exército, era considerado um oficial modelo. Treinava funcionários de bancos para resistirem a assaltos de guerrilheiros urbanos. Num determinado momento, resolveu abandonar o Exército, fugindo com várias armas e aderindo à luta armada. Excelente atirador, tornou-se figura lendária e foi morto na Bahia, durante uma perseguição militar. Participou da VPR mas no final da vida mudou-se para o MR-8. Dirigiu algumas ações de seqüestros a diplomatas e era considerado o inimigo número 1 do governo militar. O comandante da operação que o matou na Bahia foi o general Newton Cerqueira, ex-secretário de Segurança do Rio de Janeiro.

A vida de Lamarca foi tema de um filme estrelado por Paulo Betti e dirigido por Sérgio Resende.

CCC Comando de Caça aos Comunistas. Organização paramilitar cuja finalidade era combater os comunistas, denunciando-os à polícia ou realizando pequenas ações punitivas.

CENIMAR Centro de Informações da Marinha. Teve importante papel na repressão às organizações de resistência do governo. Sua área de atuação era o Rio de Janeiro.

(DANIEL) COHN BENDIT líder estudantil francês que se tornou uma das principais figuras do movimento de 68. De origem alemã, acabou sendo expulso da França.

COLUNA MOURÃO coluna que partiu de Juiz de Fora para tomar o poder no Rio de Janeiro. Símbolo do deslocamento militar que marcou o golpe de Estado de 64.

DAN MITRIONE agente secreto americano que formava policiais para a repressão anticomunista. Foi morto pelos Tupamaros, organização de esquerda que fazia a luta armada no Uruguai.

DOI-CODI órgão que centralizava a repressão política no período militar, concentrando oficiais de várias armas e membros da polícia civil.

DOPS Departamento de Ordem Política e Social. Órgão de investigação da polícia civil especializado em política.

EDSON LUÍS estudante assassinado pela polícia num restaurante chamado Calabouço. Era secundarista. A morte teve grande repercussão, o corpo foi velado na Câmara Municipal e o enterro se transformou num ato político reunindo milhares de pessoas.

FAB Força Aérea Brasileira.

FILINTO MÜLLER chefe policial no período da ditadura de Getúlio Vargas.

FRANCISCO WEFFORT Cientista político que teorizou sobre o populismo. De 1995 a 2002 exerceu o cargo de ministro da Cultura.

FREI TITO frei dominicano, preso no Brasil por colaborar com a ALN. Barbaramente torturado, sofreu com as seqüelas da violência e acabou se matando na França.

H. M. ENZENSBERGER Diretor da revista *Kursbuch*, autor de vários ensaios na década de 60, dentre eles *Política e crime* e um estudo sobre Las Casas. Continua produzindo até hoje e, em 1995, lançou no Brasil *Guerra Civil*, um estudo sobre a violência nas grandes cidades.

HERBERT MARCUSE filósofo alemão de grande influência na década de 60, especialmente nas revoltas estudantis. Vivia nos Estados Unidos e, entre outros temas, abordava a integração da classe operária no capitalismo e a perda de seu *élan* revolucionário. Analisava também as novas e sutis maneiras através das quais o capitalismo neutralizava a contestação ao sistema.

IBIÚNA a queda do congresso da UNE em Ibiúna representou uma grande vitória da repressão, pois os principais líderes do movimento estudantil foram presos ali. Contribuiu para precipitar a luta armada.

INSPETOR MÁRIO BORGES lendário inspetor do DOPS carioca especializado na repressão política. Conhecia todos os opositores e era conhecido por eles.

IPM Inquérito Policial Militar. Instrumento usado para investigar e punir adversários do regime.

IRMÃOS PEREDO revolucionários da Bolívia assassinados pela repressão.

KAREL KOSIK Filósofo tcheco que teve traduzido no Brasil um dos seus mais importantes trabalhos: *A dialética do concreto*.

LEI SUPLICY DE LACERDA criada para esvaziar o movimento estudantil e fortalecer o lado técnico do ensino.

LEONEL BRIZOLA na época ex-governador do Rio Grande do Sul, deputado pelo Rio e um dos expoentes mais radicais das forças que apoiavam o presidente João Goulart. Brizola fundou o grupo dos 11, com a finalidade de resistir em caso de golpe. Foi o líder do movimento que garantiu a posse de Goulart, após a renúncia de Jânio Quadros.

LOUIS ALTHUSSER Filósofo comunista que adotou o estruturalismo e se propôs a resgatar o legado científico de Marx.

LUCAS LOPES ministro do período Kubitschek, especializado na área de energia.

LÚCIO FLÁVIO LÍRIO famoso por fugir várias vezes da cadeia, era um bandido extremamente inteligente. Foi celebrado no livro e no filme *Lúcio Flávio, passageiro da agonia*, estrelado por Reginaldo Farias e dirigido por Hector Babenco.

MARCELLO ALENCAR advogado democrata que defendia presos políticos. De 1995 a 1998 foi governador do Rio de Janeiro.

MARCHA DA VITÓRIA marcha dos que apoiavam o golpe militar, a maioria membros da classe média. Também conhecida como Marcha com Deus pela Família.

MARECHAL (HENRIQUE TEIXEIRA) LOTT em 1960, foi lançado à presidência da República pela coligação PTB-PSB. Foi apoiado pela esquerda por expressar uma posição nacionalista. No pleito, foi derrotado por Jânio Quadros.

MÁRIO ALVES jornalista morto na tortura. Era dirigente do PCBR.

MIGUEL ARRAES governador de Pernambuco na época do golpe, foi deposto e acabou se asilando na Argélia, de onde voltou para novamente governar seu estado, com a democratização.

MR-8 Movimento Revolucionário 8 de Outubro. Nome inspirado na data da morte de Che Guevara. Na realidade, dois MR-8s existiram na curta história da luta armada. O primeiro deles foi desbaratado pela repressão e seus membros foram presos pelo Cenimar. Uma outra organização, que se chamava Dissidência Comunista, resolveu adotar o nome de MR-8 e assinou com a ALN a ação do seqüestro do embaixador norte-americano, Charles Burke Elbrick, em setembro de 1969.

OPERAÇÃO BANDEIRANTES ramo paulista da repressão política nacionalmente coordenada.

PARASAR organismo de salvamento da Aeronáutica com grandes serviços prestados na Amazônia mas que acabou se integrando na repressão política, com planos de extermínio de opositores.

PASSEATA DOS CEM MIL passeata que saiu da Candelária, no centro do Rio, e foi o maior acontecimento de massa na resistência contra o governo militar.

PASSEATA DOS 25 MIL também realizada no Rio, com as mesmas características da passeata dos Cem mil.

PCBR Partido Comunista Brasileiro Revolucionário. Dissidência do Partido Comunista Brasileiro.

PE Polícia do Exército.

PEDRO ALEIXO vice-presidente constitucional, era ele quem deveria tomar posse no impedimento de Costa e Silva. Intelectual da UDN, jurista famoso, acabou sendo preterido para que uma junta militar assumisse.

POLÍTICA CAMPOS-BULHÕES política desenvolvida por Otávio Bulhões e Roberto Campos, marcada por forte contenção salarial e medidas de estímulo à internacionalização capitalista no Brasil.

POLOP Política Operária. Organização de inspiração trotskista.

PP Presídio Penitenciário.

PSB Partido Socialista Brasileiro.

PTB Partido Trabalhista Brasileiro. Fundado para defender as idéias de Getúlio Vargas e seus seguidores, foi extinto com o golpe de 64. Com a redemocratização foi fundado de novo, mas sem os seus dirigentes históricos, como Brizola, que acabou criando o PDT.

RÉGIS DEBRAY intelectual francês que teorizou sobre a guerrilha cubana e foi preso na Bolívia, lutando ao lado de Che Guevara. Participou do governo Mitterrand e hoje se dedica a estudos sobre a mídia.

SERRA DO CAPARAÓ localizada entre os estados de Minas Gerais e Espírito Santo, foi palco de uma tentativa fracassada de guerrilha. O foco guerrilheiro foi desbaratado sem que tivesse realizado nenhuma ação. Afirma-se que a ação tinha o apoio de Cuba e a simpatia de Leonel Brizola. Um dos principais quadros da guerrilha era Avelino Capitani, líder dos marinheiros.

SÍLVIO MOTTA E PAULO MÁRIO ministros do Exército e da Marinha respectivamente.

SNI Serviço Nacional de Informações. Órgão de informações do governo, foi criado pelo general Golbery e dirigido também pelo ex-presidente João Figueiredo. O SNI tinha informantes em quase todos os organismos federais e dava a última palavra sobre cassações de políticos e admissão de altos funcionários pelo governo.

SUSIPE Superintendência penitenciária.

TRIBUNAL BERTRAND RUSSEL esse tribunal leva o nome do filósofo inglês e foi criado para denunciar os crimes de guerra do Vietnã. Em Roma e Bruxelas, fez sessões especiais sobre a repressão no Brasil.

UDN União Democrática Nacional. Partido de oposição, no qual se destacou, entre outros, Carlos Lacerda.

UNIDADE POPULAR conjunto de forças de esquerda que dirigia o Chile até setembro de 1973, quando houve o golpe de estado. Durante o golpe, o presidente Salvador Allende suicidou-se no palácio La Moneda, seguindo-se, então, um longo período de repressão e tortura.

VAR-PALMARES Vanguarda Revolucionária Palmares. Organização de esquerda, de origem trotskista, com bases mais sólidas em Minas Gerais.

VLADIMIR PALMEIRA líder dos estudantes do Rio, comandou a passeata dos Cem mil. Preso, foi libertado, com mais catorze militantes, pelo seqüestro do embaixador americano.

VPR Vanguarda Popular Revolucionária. Saída da VAR-Palmares. Carlos Lamarca foi um dos seus dirigentes. A VPR realizou quase todos os seqüestros de diplomatas no Brasil.

WRIGHT MILLS sociólogo norte-americano, autor de inúmeras obras clássicas, entre elas *A elite do poder*. Contribuiu com uma visão crítica da sociedade norte-americana.

FERNANDO GABEIRA nasceu em Juiz de Fora, Minas Gerais, em fevereiro de 1941. Jornalista desde os dezessete anos, publicou onze livros. Viveu nove anos no exílio e voltou ao Brasil em 1979, com a anistia. Depois da queda do Muro de Berlim, voltou à Europa, onde foi correspondente da *Folha de S.Paulo*, cobrindo, entre outros temas, a independência da Eslovênia e da Croácia e o fim do império soviético. Vive no Rio de Janeiro e é pai de duas meninas.

COMPANHIA DE BOLSO

Hannah ARENDT
Homens em tempos sombrios

Karen ARMSTRONG
Uma história de Deus

Marshall BERMAN
Tudo que é sólido desmancha no ar

David Eliot BRODY, Arnold R. BRODY
As sete maiores descobertas científicas da história

Jacob BURCKHARDT
A cultura do Renascimento na Itália

Italo CALVINO
O cavaleiro inexistente
Fábulas italianas
Por que ler os clássicos

Bernardo CARVALHO
Nove noites

Jorge G. CASTAÑEDA
Che Guevara: a vida em vermelho

Ruy CASTRO
Chega de saudade
Mau humor

Jung CHANG
Cisnes selvagens

Catherine CLÉMENT
A viagem de Théo

Joseph CONRAD
Coração das trevas
Nostromo

Rubem FONSECA
Agosto
A grande arte

Meyer FRIEDMAN, Gerald W. FRIEDLAND
As dez maiores descobertas da medicina

Jostein GAARDER
O dia do Curinga

Jostein GAARDER, Victor HELLERN, Henry NOTAKER
O livro das religiões

Fernando GABEIRA
O que é isso, companheiro?

Luiz Alfredo GARCIA-ROZA
O silêncio da chuva

Eduardo GIANNETTI
Auto-engano
Vícios privados, benefícios públicos?

Edward GIBBON
Declínio e queda do Império Romano

Carlo GINZBURG
O queijo e os vermes

Marcelo GLEISER
A dança do Universo

Tomás Antônio GONZAGA
Cartas chilenas

Philip GOUREVITCH
Gostaríamos de informá-lo de que amanhã seremos mortos com nossas famílias

Milton HATOUM
Dois irmãos
Relato de um certo Oriente

Albert HOURANI
Uma história dos povos árabes

Henry JAMES
Os espólios de Poynton
Retrato de uma senhora

Ismail KADARÉ
Abril despedaçado

Franz KAFKA
O castelo
O processo

John KEEGAN
Uma história da guerra

Amyr KLINK
Cem dias entre céu e mar

Jon KRAKAUER
No ar rarefeito

Milan KUNDERA
A insustentável leveza do ser
O livro do riso e do esquecimento

Danuza LEÃO
Na sala com Danuza

Paulo LINS
Cidade de Deus

Claudio MAGRIS
Danúbio

Naghib MAHFOUZ
Noites das mil e uma noites
Javier MARÍAS
Coração tão branco
Heitor MEGALE (Org.)
A demanda do Santo Graal
Patrícia MELO
O matador
Ana MIRANDA
Boca do Inferno
Vinicius de MORAES
Livro de sonetos
Nova antologia poética
Fernando MORAIS
Olga
Vladimir NABOKOV
Lolita
Friedrich NIETZSCHE
Além do bem e do mal
Ecce homo
Humano, demasiado humano
O nascimento da tragédia
Michael ONDAATJE
O paciente inglês
Malika OUFKIR, Michèle FITOUSSI
Eu, Malika Oufkir, prisioneira do rei
Amós OZ
A caixa-preta
Adauto NOVAES (Org.)
Ética
José Paulo PAES (Org.)
Poesia erótica em tradução
Fernando PESSOA
Livro do Desassossego
Poesia completa de Alberto Caeiro
Poesia completa de Álvaro de Campos
Poesia completa de Ricardo Reis
Décio PIGNATARI (Org.)
Retrato do amor quando jovem
Edgar Allan POE
Histórias extraordinárias
Darcy RIBEIRO
O povo brasileiro
Edward RICE
Sir Richard Francis Burton
João do RIO
A alma encantadora das ruas
Philip ROTH
Adeus, Columbus
O avesso da vida
Elizabeth ROUDINESCO
Jacques Lacan
Arundhati ROY
O Deus das *pequenas coisas*
Salman RUSHDIE
Os versos satânicos
Oliver SACKS
Um antropólogo em Marte
Carl SAGAN
Bilhões e bilhões
Contato
O mundo assombrado pelos demônios
Edward W. SAID
Orientalismo
José SARAMAGO
O Evangelho segundo Jesus Cristo
O homem duplicado
A jangada de pedra
Arthur SCHNITZLER
Breve romance de sonho
Moacyr SCLIAR
A mulher que escreveu a Bíblia
Dava SOBEL
Longitude
Susan SONTAG
Doença como metáfora / AIDS e suas metáforas
I. F. STONE
O julgamento de Sócrates
Drauzio VARELLA
Estação Carandiru
Caetano VELOSO
Verdade tropical
Erico VERISSIMO
Clarissa
Incidente em Antares
XINRAN
As boas mulheres da China
Edmund WILSON
Rumo à estação Finlândia

2ª edição Companhia das Letras [1996] 9 reimpressões
1ª edição Companhia de Bolso [2009]

Esta obra foi composta pela Verba Editorial
em Janson Text e impressa pela Prol Editora Gráfica
em ofsete sobre papel Pólen Soft da Suzano Papel e Celulose